PAR[illegible]

¿PAREJAS?

Consejos esenciales
para una relación de pareja amorosa

María Elena Maroto • Sandra Haddad Lahud

PAX

EL LIBRO MUERE CUANDO LO FOTOCOPIAN

Amigo lector:

La obra que tiene en sus manos es muy valiosa. Su autor vertió en ella conocimientos, experiencia y años de trabajo. El editor ha procurado una presentación digna de su contenido y pone su empeño y recursos para difundirla ampliamente, por medio de su red de comercialización.

Cuando usted fotocopia este libro o adquiere una copia "pirata" o fotocopia ilegal del mismo, el autor y editor no perciben lo que les permite recuperar la inversión que han realizado.

La reproducción no autorizada de obras protegidas por el derecho de autor desalienta la creatividad y limita la difusión de la cultura, además de ser un delito.

Si usted necesita un ejemplar del libro y no le es posible conseguirlo, escríbanos o llámenos. Lo atenderemos con gusto.

EDITORIAL PAX MÉXICO

Título de la obra: *Parejas parejas. Consejos esenciales para una relación de pareja exitosa.*

COORDINACIÓN EDITORIAL: Gilda Moreno Manzur
DIAGRAMACIÓN: Ivette Ordóñez P.
Diseño de portada: Víctor Santos Gally

Av. Cuauhtémoc 1430
Col. Santa Cruz Atoyac
México DF 03310
Tel. 5605 7677
Fax 5605 7600
www.editorialpax.com

Primera edición
ISBN 978-607-9346-25-6

Impreso en México / *Printed in Mexico*

Este libro está dedicado a Vic,
mi pareja, por todas las experiencias
y aprendizajes que hemos vivido juntos.
Gracias por tu apoyo en mis locuras
y tu acompañamiento amoroso.

A mis hijas Mavy y Sandy,
a sus esposos, Octavio y Benjamín,
y a mis amados nietos,
especialmente a Markel.

A mis sobrinos y a sus parejas,
en especial a Luis Miguel y Zitlaly.

A mis padres
y a mis queridas hermanas,
hermano y cuñada(os).

María Elena Maroto

A ti, Yamna, mi hija adorada,
por haber sido el mayor premio al que podía aspirar
en mi intención genuina por ser pareja pareja,
y por las lecciones que he aprendido
de tu propio proceso.

Sandra Haddad

Agradecimientos de Mary Maroto

Gracias, Sandra. Disfruté, me divertí y viví una gran experiencia que me enriqueció en muchos aspectos.

También quiero agradecer a Víctor Manuel Oseguera Jurado por su valiosa aportación con la sección "Una vida sexual plena", a Dinah María por su orientación y gran apoyo en la corrección de estilo, así como a todos mis amigos que nos compartieron su experiencia para enriquecer este libro.

Agradecimientos de Sandra Haddad

Mi más sincera gratitud a ti, Mary, por haberme invitado a participar en este gran proyecto que llegó a mi vida en el momento preciso, a pesar de mis resistencias. Sin embargo, con tu cariño, apoyo y paciencia me demostraste que crees en mí. Los aprendizajes que me dejó esta experiencia son invaluables. Te quiero, respeto y valoro como amiga y hermana del alma.

Quiero agradecer también a quienes han sido parte de mi vida y que, de una u otra forma, me aportaron grandes lecciones existenciales para valorar lo que es realmente una pareja pareja. Para ellos, mi reconocimiento humilde, pues gracias a haber experimentado amor, ternura, ilusión, dolor o frustración, culpa y miedo, hoy puedo asegurar que mi búsqueda ha sido y continúa siendo válida.

Índice

Prólogo

Este libro que estás por empezar a leer no te dará la receta para que tú y tu pareja sean felices para siempre, pero sí te permitirá encontrar y manejar eficazmente tus propias herramientas de inteligencia, emociones y sentimientos. Así podrás saber en qué momento de la relación de pareja te encuentras y cuál es el rol que juegas en la misma. Siempre es mejor amar despierto que dormido.

Sandra Haddad Lahud y María Elena Maroto vuelcan en estas páginas una estupenda selección de sus conocimientos humanos, sus experiencias profesionales como terapeutas e instructoras, y me atrevo a decir que también sus experiencias personales. Todo ello te ayudará a comunicarte directa y objetivamente con tu pareja con la finalidad de que juntos dejen atrás patrones, roles y dinámicas preestablecidos, y lleguen a un punto en donde puedan compartir de una manera distinta, sana y comprometida.

Como las autoras nos advierten, los cuentos de los príncipes y las princesas ya quedaron atrás, así que después de leer este libro te percatarás de que es hora de terminar una relación, cerrar un círculo o poner fin a un capítulo de tu vida, sufriendo lo menos posible. Esto es parte de la madurez que vamos adquiriendo como hombres y mujeres.

Lo que hace aún más valiosa la lectura de este libro es que en un mercado saturado de trabajos de autoayuda y superación personal provenientes de países extranjeros, nos ofrece ejemplos de nuestra realidad mexicana. Con seguridad te sentirás totalmente identificado(a) con uno o más de los casos que aquí se presentan.

Las autoras no sólo comparten sus conocimientos con base en una sólida estructura, sino que te piden que trabajes con ellas para que gradualmente adquieras conciencia de tus características, actitudes y expectativas.

Por eso te sugiero que cada vez que abras este libro, tengas a la mano una pluma y estés dispuesto(a) a usar tu corazón como tintero.

Sandra y María Elena ponen en tus manos la oportunidad de crear tu propia historia y deshacerte realmente de todos los cuentos que te han contado o que te has inventado.

Aprovéchala y disfrútala.

María Teresa Aviña Cervantes
Locutora

Introducción

Los seres humanos, por naturaleza, buscamos relacionarnos afectivamente, para lo cual se requieren como mínimo dos personas. Al darnos cuenta de que podemos confiar en alguien más, que compartimos intereses afines, que nos entendemos y podemos sentirnos a gusto juntos, se genera un vínculo. Puede ser una interacción de compañeros, amigos o de complementariedad como pareja donde ambos buscamos satisfacer la necesidad de amar y de sentirnos amados, disfrutar nuestra sexualidad, compartir metas comunes, convivir en la cotidianidad y crecer conjuntamente.

A lo largo de los capítulos que desarrollamos en este libro, tú, amigo lector o lectora, podrás reconocerte como un ser humano único e irrepetible, podrás advertir que cada persona tiene su propia experiencia de vida, sus herencias, creencias y aprendizajes que se traducen en hábitos y costumbres: alimentación, horarios, tipos de convivencia, bromas, entre otros. Éstos son elementos que, si bien pueden enriquecer la relación de pareja, también pueden ser motivo de conflicto. Con frecuencia el conflicto se genera cuando queremos o buscamos a una persona que cumpla con nuestras expectativas y necesidades, que se comporte como nosotros creemos que es "adecuado", cuando esta percepción de adecuación proviene de la interacción con nuestra familia de origen y de nuestra educación formal e informal, lo que nos impide abrirnos a otras posibilidades que podrían ayudarnos a crecer como personas y como pareja.

También aportamos diversos enfoques que serán de tu interés para fomentar dicho crecimiento, y enriquecemos cada tema con proyectos de aprendizaje sustentados en reflexiones, ejercicios prácticos, experiencias vivenciales compartidas por nosotras, casos terapéuticos y ejemplos ilustrativos. El propósito es que puedas revisar la realidad de tu vida –ya sea que en este momento tengas una pareja o estés contemplando esa posibilidad– y con este trabajo personal o compartido, tu relación sea cada vez más sólida y abierta a florecer.

La época del enamoramiento, del idilio, de ese inicio de algo nuevo y distinto que nos puede trastornar, que logra que nos veamos y sintamos diferentes –lo cual, aun cuando no lo comentemos, pueden apreciar con facilidad las personas que nos rodean-, es un momento de ilusión y ensoñación del que surgen incontables pensamientos mágicos respecto a ese hombre o a esa mujer que está frente a nosotros. En el capítulo 1 ahondaremos en este tema y en todo lo que nos decimos y creemos al respecto.

En el capítulo 2 nos referimos a "la realidad", pero ¿cuál es ésta? No existe una realidad como tal; más bien, cada uno de nosotros tiene una percepción diferente de ella. Por consiguiente, en este tema aportamos herramientas para que te conectes con tus sentidos y descubras tanto lo que existe en tu interior como a tu alrededor; así podrás elegir con responsabilidad la opción de romper hábitos y generar otros nuevos, de correr el riesgo de compartir y aprender a identificar y aceptar las diferencias.

¿Cuáles son los roles en la pareja? En muchos casos damos por sentado lo que debe hacer cada uno; sin embargo, en esta época de cambio y de movimiento, para que una pareja sea ***pareja*** es necesario hablar y explicitar las tareas que a cada uno corresponden y no dejar en el pensamiento las ideas que se tienen sobre lo que debería ser. Hay tareas que sí pueden modificarse y otras más que es necesario clarificar para llegar a acuerdos que favorezcan a ambos. En el capítulo 3 proporcionamos elementos importantes para poder cuestionar nuestras ideas preconcebidas y generar un nuevo patrón para la convivencia de la pareja.

La comunicación es un elemento vital y, aunque "aprendemos a hablar" desde pequeños, esto no quiere decir que sepamos comunicarnos adecuadamente. Tal vez hemos oído hablar en varias ocasiones de la comunicación efectiva y asertiva, de la importancia de ser buenos escuchas y empáticos, de estar en la sintonía adecuada y no dejarnos llevar por nuestros sentimientos al expresar nuestro punto de vista. A pesar de ello, los problemas más grandes que experimentamos en una relación surgen de nuestra dificultad para comunicarnos adecuadamente, por lo que en el capítulo 4 abordamos la comunicación como un reto.

Conocer las diferentes etapas de la relación, poder esclarecer los roles de cada uno, darnos cuenta de nuestra realidad y tener los elementos necesarios para comunicarnos, nos aporta herramientas para manejar los conflictos que surgen en diferentes momentos de la relación en pareja. El conflicto debe verse siempre como una oportunidad para el crecimiento; por ello, el capítulo 5 nos llevará de la mano para abrir nuestra percepción, enfrentarlo y resolverlo desde un enfoque diferente y sin temor.

"Una vida sexual plena" es el título del capítulo 6. Aunque, por supuesto, prevalece una mayor apertura al abordar este tema, para algunos siguen vigentes los prejuicios y, para otros, la falsa liberación. Estudiar, preguntar y aprender acerca de la sensualidad y la sexualidad en la pareja ayuda de manera significativa a vivir y mantener una vida sexual con una connotación más profunda y gozosa, cuando es llevada con amor, respeto, mutua admiración y libertad. Por ello fue importante para nosotras solicitar la valiosa aportación del psicoterapeuta Víctor Manuel Oseguera Jurado.[1]

En el capítulo 7 tocamos un tema aparentemente secundario, pero definitivo en la vida de la pareja: la economía. Del manejo de los recursos económicos pueden presentarse diferencias y problemas que deberemos atender para poder generar acuerdos. La gran actriz mexicana María Félix comentaba al respecto: "Por supuesto que el dinero no es todo, pero cómo calma los nervios" y tenía razón, ya que la falta de claridad y honestidad para abordar este punto no sólo provoca desorden económico sino también afectivo y emocional.

Por último, en el capítulo 8 revisamos aquello que debe prevalecer como la columna medular de una pareja y sin lo cual nada de lo anterior tendría sentido: la actitud. Si no existe una disposición franca por parte de ambos, un compromiso que se revitalice momento a momento, reciprocidad y el amor como sentimiento, sustentado por el amar que se

[1] Víctor Manuel Oseguera Jurado es licenciado en psicología, con especialidad en sexología y maestría en sexología clínica; profesor de la maestría en sexología clínica; terapeuta con entrenamiento en terapia Gestalt, terapia corporal bioenergética, programación neurolingüística e hipnosis ericksoniana; profesional dedicado a la docencia, a la clínica y a la terapia de parejas con énfasis en el aspecto de la sexualidad.

traduce en un conjunto de acciones que deben llevarse a cabo, no podrá existir la verdadera pareja ***pareja.***

Te damos la bienvenida para reflexionar, junto con nosotras, sobre un enfoque práctico y realista del controvertido, excitante y vital mundo de la pareja.

1. El idilio

Estar enamorado es... no tener ojos, ni oídos ni cabeza, ni corazón, ni nada que no esté volcado hacia esa labor de amar y ser amado.
Ortega y Gasset

Como todos sabemos, el idilio es el tiempo de la idealización. Nuestra cultura, la época histórica en que vivimos, nuestros esquemas familiares, el contexto educativo, la publicidad y nuestras expectativas, todos ellos enfocados a compensar o cubrir nuestros huecos afectivos y satisfacer nuestras necesidades no atendidas, nos llevan a anhelar la llegada de un ser amado "perfecto". Por ello, muchas veces en el primer acercamiento vemos únicamente lo que deseamos ver en función de nuestras carencias.

El idilio es un episodio amoroso, placentero, que involucra una serie de sensaciones más allá de la razón; es sentirse fuertemente conectado(a) con otra persona sin cuestionar el siguiente momento. Sin embargo, los humanos somos seres racionales, en movimiento, con distintos aprendizajes y necesidades que al interactuar con alguien y encontrarnos en circunstancias idóneas para formar una relación de pareja nos permiten elegir. Podemos dejarnos llevar por ese momento idílico o bien, aprender a reflexionar sobre la interrelación para decidir si queremos o no compartir la vida con esa persona, aceptando tanto sus características físicas como de comportamiento y sopesando si sus creencias, valores y forma de ser son compatibles con los nuestros.

La pareja ideal: ¿el príncipe azul o la princesa encantada?

¿De dónde surge la idea de que existe un ser ideal? Tal vez de los cuentos, las novelas o los sueños elaborados. Si hacemos un autoanálisis, ¿realmente podríamos decir que somos la persona ideal para los demás? ¡Claro que no! Y si le preguntáramos a otros si creen que somos una persona ideal, probablemente se reirían y nos tacharían de arrogantes y prepotentes.

En la primera fase del idilio, aunque la persona que nos llame la atención no se apegue a nuestros requerimientos, si nos hace sentir "mariposas en el estómago", vértigo o incapacidad para concentrarnos –es decir, creemos estar enamorados–, engañamos a nuestra percepción y hacemos de él o ella una figura divina falsa y le atribuimos características maravillosas que no tiene, ignorando otras que sí le corresponden pero no queremos aceptar. Incluso, cuando un amigo o familiar intenta hacernos ver que el príncipe o la princesa de nuestros sueños no es tal, nos disgustamos y podemos llegar a convencernos de que lo hace porque envidia nuestra relación.

Adjudicarle virtudes o ignorar la verdadera identidad de la persona genera conflictos a la pareja en su relación cotidiana. A nuestro parecer hay un alto grado de mentira cuando un miembro de una pareja dice: "Es que él o ella no era así".

Creemos que podemos conocer a una persona a partir de un solo espacio de convivencia, por ejemplo: si tú convives con tu pareja para ir a tomar un café y conversar, o pasar momentos de diversión, dejarás de lado el conocerla en su sistema familiar o con sus amigos o en diferentes situaciones de vida y esto limitará tu percepción sobre él o ella. Recuerda que cuando estamos en el proceso de conocer lo más hermoso de cada uno, no queremos que nuestra parte oscura salte a la vista y nos esforzamos en ocultarla.

Ejercicio: "¿Pareja ideal?"

El siguiente ejercicio te ayudará a darte cuenta de las ideas que tienes en relación con la pareja ideal.

Escribe en las siguientes líneas cómo piensas que debe ser tu pareja para poder considerarla la pareja ideal:

1. ____

____

2. ____

____

3. ____

____

4. ____

____

5. ____

____

6. ____

____

7. ____

____

8. ____

____

Ahora, lee detenidamente lo escrito y en las siguientes líneas completa la frase:

Para yo ser la pareja ideal necesito ser… (utiliza las mismas características descritas en el ejercicio previo pero aplicadas a tu persona):

1. ____

____

2. ____

____

3. ____

____

4. ____

____

5. ____

____

6. ____

7. ____

8. ____

Bien, ahora analiza en las siguientes líneas qué es lo que tú no estás haciendo o no estás dispuesto(a) a hacer para ser considerado(a) una pareja ideal:

Por último, reflexiona honestamente acerca de lo siguiente: si tú o tu pareja fueran, todo el tiempo, este ser ideal que definiste, ¿qué crees que ocurriría con tu relación y contigo mismo(a)?

La pareja ideal, que la mayoría de nosotros buscamos, no es más que una fantasía derivada de un prototipo sobre lo que para cada uno representa la "perfección". Si llevas a cabo este ejercicio con tu pareja, tal vez encuentres que él o ella tiene una visión diferente de sí mismo(a) y aunque tú, desde tu punto de vista, estés actuando correctamente, para tu pareja ese comportamiento puede no ser el ideal y cada uno va por un camino distinto buscando agradar al otro.

Experiencia vivencial

Conocí al papá de mi hija en un aeropuerto cuando tenía 22 años de edad y andaba sin nada de maquillaje. En la segunda ocasión en que nos reunimos, me encontró tan arreglada que ni siquiera me reconoció. Fuimos a un concierto y después del mismo, durante la cena, rescató de su bolsillo una lista de preguntas que me planteó una tras otra: que si me gustaban los niños, que si me gustaba hacer de comer, que si era limpia, etcétera; fueron como veinte cuestionamientos. A los pocos días, como "aparentemente" yo satisfacía su perfil de mujer ideal, me entregó el anillo de compromiso, mismo que guardé en un cajón durante meses. Para mí la situación era una locura, mientras que él alegaba que no tenía nada qué pensar, puesto que yo cumplía con todos sus requerimientos.

Él creyó encontrar a su pareja ideal en mí, sustentándose solamente en las respuestas que le di a su breve "encuesta". Yo me sentía como un ave en una jaula de oro, con presión para aceptar, pero sin elementos para terminar. El cariño creció y acepté un matrimonio que, fuera de premiarnos con una hija estupenda que ambos amamos profundamente, terminó muy pronto. En realidad, no nos conocíamos, no nos dimos esa oportunidad.

Por eso, cuando escuchamos a un paciente comentar "Él (o ella) no era así", casi podemos asegurarles que la aseveración es falsa (a menos que haya de por medio una experiencia fuerte o traumática); la realidad es que no quisieron darse cuenta de esa forma de ser.

En ocasiones preguntamos si alguna vez observaron que su pareja, por ejemplo, no escuchaba a su amigo o a su hermana, o criticaba a alguien de manera agresiva o si, tal vez, notaron que se enojaba con otras personas por cualquier situación y si esa observación les ayudó a percibir cómo respondía y cuáles eran sus reacciones.

A través de ejercicios de reflexión, los pacientes toman conciencia de que en verdad conocían esas reacciones, pero no creían que esto pudiera repetirse dentro de su relación.

Seguramente has escuchado el consejo "Conoce al papá o a la mamá porque tu pareja, dentro de poco, va a ser así". Es algo muy cierto. Nacimos en un sistema familiar con sus peculiaridades, creencias, valores, hábitos, rituales, conductas y todas las características de una familia hasta en sus hábitos de alimentación, actividades y gustos. Entonces, ¿cómo pretendemos no parecernos a ella?

Experiencia vivencial

A mi esposo le gustan las reuniones con pocas personas, así solía ser en su casa. En cambio, para mi familia una reunión incluía por lo menos a treinta personas y no podía entender por qué él se sentía incómodo cuando invitábamos a mi familia y ellos a su vez traían a uno que otro invitado. Hasta que comentamos esta simple situación en pareja, pudimos llegar a algunos acuerdos.

¿Quién está bien y quién está mal?, ¿qué es lo correcto o lo incorrecto? No hay tal, simplemente son costumbres que se ponen de manifiesto al integrarse una pareja.

No es lo mismo idealizar que tener ideales: tener ideales nos aporta un marco de referencia y nos orienta hacia las personas que consideramos compatibles con nosotros, mientras que idealizar implica perder la objetividad.

En el cuadro 1.1 de la página siguiente se exponen una serie de características y sus respectivos ejemplos, que servirán para que analices cuáles pensamientos respecto a la pareja ideal pueden ser racionales y cuáles irracionales.

Cuadro 1.1. Enfoques racional/irracional

Enfoque racional *Características*	*Enfoque irracional* *Características*
Parte de supuestos verdaderos "Todos los seres humanos tenemos cualidades y defectos."	**Parte de supuestos falsos** "Si me ama debe saber lo que pienso."
Es flexible "Me gustaría que supiera bailar, pero valoro más su actitud educada para conmigo."	**Es inflexible** "No estoy dispuesto(a) a soportar ningún error."
Tiene bases realistas "Me desagradan las 'fachas' con que se viste los fines de semana, pero lo acepto como es y no depende de mí cambiarle."	**Parte de suposiciones** "Si no me ha llamado hoy es porque ya no le importo."
Es comprensivo "Sé que en ocasiones necesita estar a solas."	**Es demandante** "A pesar de su cansancio 'debería' tener más detalles conmigo."
Asume la responsabilidad personal "De mí depende la satisfacción de mis necesidades."	**Culpa al otro** "No he podido hacer lo que me interesa, por su culpa."

Si analizas el cuadro 1.1 verás que cuando tienes un enfoque racional no idealizas a tu pareja. Por el contrario, puedes ver sus cualidades y sus defectos; identificar lo que te gusta, así como lo que no te agrada; ponerlo en una balanza para decidir qué pesa más para ti y aceptar a la persona, tal como es, sin que la relación resulte afectada.

Cuando tu concepto de valía personal es alto, puedes ser más realista y responsable y no dependerás de los atributos de tu pareja para lograr tu felicidad.

El vértigo del enamoramiento

Cuando conocemos a alguien con quien nos sentimos identificados, cuyas características y preferencias son similares a las nuestras y, además, existe atracción y sensualidad entre ambos, estamos enamorados. No hay edad para el vértigo del enamoramiento ya que puede estar presente tanto en la adolescencia como en la madurez.

En el enamoramiento entramos a una condición que puede parecer de locura y que repercute en nuestra vida de forma total. El ser amado se convierte en el eje de nuestra existencia:

- Miramos el mundo desde otra perspectiva (normalmente optimista y alegre).
- Nos distraemos fácilmente.
- Distorsionamos la realidad.
- Dejamos de ver a la persona en su conjunto y enfocamos nuestra mirada hacia el punto que nos interesa en ese momento.
- Magnificamos lo que nos parece agradable y hacemos a un lado cualquier detalle que en otro momento podría ser molesto o desagradable.

También podemos sufrir un impacto en nuestro funcionamiento corporal, tanto biológico como químico:

- Taquicardia.
- Sudoración.
- Aumento de la irrigación sanguínea.
- Ensoñación.

- Paso fácil del lagrimeo a la risa.
- Inspiraciones profundas y continuas (suspiros).

Todo lo anterior se debe a la generación de sustancias químicas, como las feromonas, que influyen en la atracción corporal. Se trata de un estado alterado de conciencia y, aunque definitivamente suele ser un tiempo muy placentero que puede durar hasta 90 días y luego, paulatinamente, estabilizarse, también puede darse el caso de dejar a la persona en el vacío o tal vez en un estado de frustración.

El enamoramiento no siempre se convierte en amor pues, como ya se comentó, es irracional y no permite ver la realidad.

Se dice que no elegimos de quién nos enamoramos, simplemente sucede; quizá se deba a que nos enamoramos del amor, del sentimiento de sabernos "especiales" para el otro o de la interpretación que hacemos cada vez que estamos en su compañía. Bueno, el caso es que sólo sucede.

En estados alterados de conciencia por el consumo de alcohol o droga o por ciertos momentos de éxtasis, puede surgir atracción hacia otra persona. Hemos escuchado casos de jóvenes que van a un antro y después de varios tragos, se sienten enamorados(as) o atraídos(as) por la persona con la que han estado bailando y, aunque recién se conocieron, sienten tal arrebatamiento que pierden el control por completo. Desgraciadamente esto no es enamoramiento, es tan sólo el resultado de la intoxicación por el alcohol, que los hace dejarse llevar por ese estado alterado de la conciencia. Pero cuando pasa el momento y despiertan al otro día, muchos comentan que su sensación es de frustración, enojo y una gran tristeza que puede derivar en depresión, ya que rara vez vuelven a ver a la persona con quien se suscitó esa situación.

Como durante la fase de enamoramiento atribuimos a la persona amada sólo características buenas, positivas y nobles, es arriesgado tomar decisiones sobre la relación en esos momentos. Es indispensable "poner los pies en la tierra", y aprender a observar y a cuestionar, para elegir de manera consciente si en realidad esa persona es con quien queremos compartir una parte importante de nuestra vida.

Ten presente que los demás no son responsables de tus decisiones, **tú** y sólo **tú** eres el responsable de tu elección de pareja.

Sucede también que a veces la sensación de enamoramiento no es recíproca sino unidireccional. Si éste es el caso y alentamos nuestro deseo por quien no nos corresponde, nos volcamos contra nosotros mismos, desencadenando una tristeza muy profunda, con connotaciones irracionales y, por tanto, poco responsables. En esta situación, algunas de las preguntas que pueden surgir son las siguientes: "¿Por qué no le atraigo?, ¿Qué tengo de malo para que no se acerque?, ¡Claro! yo tengo la culpa por fijarme en alguien así; aunque me muera en la raya, pero me tiene que querer. ¿Qué hice mal?"

La película *Babel* cuenta, entre otras, la historia de una chica japonesa, muy agradable y sordomuda, con una autoestima sumamente baja; la chica muestra atracción por algunos jóvenes, se siente enamorada y dispuesta a hacer todo lo posible por ser querida, incluso a entregarse físicamente con tal de sentirse aceptada y especial; ella lo atribuye a su problema físico, mismo que la lleva a sentir frustración, enojo y a plantearse preguntas como las ya mencionadas.

Es necesario entender que la relación afectiva no depende exclusivamente de nosotros y, así como nos damos el derecho de elegir, los demás también pueden ejercer esa capacidad. Entonces, el rechazo no debe vivirse como cancelación de nuestro ser, sino como la dificultad de compatibilidad percibida por la otra persona o quizá, también, su miedo a involucrarse emocionalmente.

Las expectativas y los cuentos que nos contamos

Cada vez más se refuerza la creencia de que los conflictos en las parejas afloran cuando se frustran las expectativas idealizadas de obtener satisfacción si la otra parte aporta lo que nos hace falta, en vez de buscar la complementariedad, es decir, promover una relación de dos personas completas.

Lamentablemente, en vez de buscar una pareja en la que podamos encontrar la complementariedad, la buscamos para que cubra nuestras necesidades. No se puede hablar de una pareja ***pareja*** sin dejar a un lado las expectativas que traemos cargando en relación con los demás.

Claro está que es difícil darnos cuenta, o tal vez no queramos hacerlo, de la enorme cantidad de expectativas y cuentos que nos contamos para "poder ser felices".

Nuestra felicidad no puede basarse en el *hacer* de otra persona. Si lo esperamos así, siempre viviremos frustrados, enojados y difícilmente encontraremos a "la pareja adecuada".

Caso terapéutico

Juan llega a terapia y habla de una frustración muy grande porque su pareja no lo entiende y no tiene ningún detalle con él, siente que no recibe ayuda y que no le agradece lo que él hace.

En la primera sesión, primero se aclaró lo que espera de su pareja.

Revisemos el siguiente diálogo.

***Juan**: Lucía y yo trabajamos mucho y cuando llegamos a casa ambos estamos muy cansados. Cuando yo llego primero, siempre preparo la cena y la espero con todo listo; ella llega, nos sentamos a cenar y conversamos de cómo fue nuestro día, pero nunca me agradece que yo haga la cena para los dos.*

***Terapeuta**: Entonces, tú esperas que ella te agradezca el que hayas preparado la cena.*

***Juan:** ¡Por supuesto, es lo menos que espero!*

***Terapeuta**: Cuando Lucía llega a casa antes que tú: ¿ella prepara la cena?*

***Juan:** En muchas ocasiones sí, en otras no porque llega muy cansada o a veces llegamos al mismo tiempo.*

***Terapeuta:** Cuando ella tiene la cena lista, ¿qué es lo que tú haces?*

***Juan**: Bueno, intento agradecerle este detalle.*

***Terapeuta**: ¿Intentas?*

***Juan:** Sí, casi siempre le agradezco.*

***Terapeuta**: Muy bien, tú te sientes frustrado si ella no te lo agradece. ¿Qué es lo que ella hace que quizá tú no le agradeces?*

Juan: *No me había puesto a pensar en esto, tal vez recoger nuestra habitación cuando nos levantamos; ella tiende la cama y deja todo ordenado, ya es una costumbre.*

Terapeuta: *¿El que ella deje lista la habitación fue un acuerdo entre ambos? ¿O ya es algo que se da por sentado?*

Juan: *No, simplemente ella lo hace.*

Terapeuta: *Parece que esto se convirtió en un acuerdo implícito. ¿Tú sabes cómo se siente ella al respecto?*

Juan: *No, en verdad no me había puesto a pensar en ello. Tal vez sea necesario sentarnos a comentar lo que cada uno hace. También es importante reconocer sus acciones y comentarle que a mí me gustaría recibir también reconocimiento por lo que aporto.*

Pretendemos que nuestra pareja adivine lo que queremos, sin siquiera aclarar qué es lo que realmente esperamos cuando construimos una imagen de lo que debe ser. Cuando decimos: "Quiero una persona que sea amorosa conmigo", sería conveniente analizar qué componentes o conductas debería tener una persona amorosa para nosotros. Algunos pacientes manifiestan: "A mí me gustaría que me abrazara cuando vemos televisión juntos". Sin embargo, escuchamos a otros que cuando proponemos esta conducta y les preguntamos si les gustaría, como un acto amoroso, que su pareja los abrazara cuando ven televisión, responden: "No, no me gusta que me esté abrazando todo el tiempo, me acaloro mucho".

Entonces, podríamos empezar por aclarar qué es lo que esperas de tu pareja y qué conductas te gustaría que tuviera.

Ejercicio: "Aclarando expectativas"

En los siguientes ejemplos, en la primera línea se presenta una frase en relación con lo que esperas de tu pareja, y en las siguientes cinco líneas se especifican cinco conductas claras y concretas que confirmarían que efectivamente estás recibiendo lo que quieres.

Ejemplo de una mujer

a. Me gustaría que fuera atento conmigo.

- Que me acerque la silla cuando vamos a comer a algún restaurante.
- Que cuando suba a su automóvil, me abra la puerta.
- Que cuando va a llegar tarde, me llame por teléfono.
- Que si nos encontramos a un amigo o amiga de él, me presente.
- Que si estamos en una reunión me pregunte si quiero tomar algo y me lo sirva.

Ejemplo de un hombre

b. Me gustaría que fuera atenta conmigo.

- Que si se despierta en la noche porque no puede dormir, no me despierte.
- Que cuando me siento mal, se muestre pendiente y cuidadosa conmigo.
- Que cuando sepa que me gusta algo, por ejemplo, un libro, en la primera oportunidad me lo compre.
- Que cuando yo escuche música, respete mi espacio.
- Que si sabe que me agrada algún platillo, me lo prepare.

Elabora tu propia lista de expectativas respecto a tu pareja. De esta manera, no sólo aclararás lo que quieres de tu compañero(a), sino que también podrán compartirlo y darse cuenta, juntos, de lo que sí pueden hacer uno por el otro.

Si llevas a cabo este ejercicio, ya sea de manera individual o en pareja, evitarás frustraciones y malas interpretaciones.

Ahora, inicia tu reflexión.

a. ______________________________

1. ______________________________
2. ______________________________
3. ______________________________
4. ______________________________
5. ______________________________

b. ______________________________

1. ______________________________
2. ______________________________
3. ______________________________
4. ______________________________
5. ______________________________

Ser claros con referencia a las conductas que nos gustaría ver en nuestra pareja y explicárselas nos garantizará que daremos y recibiremos lo mejor en el marco de la relación.

Cuando esperamos que una persona cumpla con todos los roles que satisfagan nuestras necesidades, es decir, que sea padre, madre, hermano(a), compañero(a), socio(a), amigo(a), proveedor(a) y además compensador(a) de frustraciones acumuladas en nuestra familia de origen, en realidad no buscamos a una pareja ***pareja*** sino a un ente mágico que evite todas nuestras frustraciones.

Como esto es imposible, nos sentiremos desmotivados de todas maneras pues la pareja no es el papá, ni la mamá, ni el hermano(a), ni nadie que pueda llenar los huecos que cada uno tenemos.

Una sugerencia importante es que cuando tengas una discusión con tu pareja o estés intentando conciliar alguna situación, la mires de frente y mentalmente le digas: "Tú no eres mi papá (o mi mamá), eres mi pareja"; desde esta perspectiva es más fácil colocarse en el papel correspondiente para entablar una comunicación más sana y positiva.

Es necesario que reenfoquemos nuestras expectativas, realicemos un diálogo interior de despedida a nuestras necesidades no resueltas y nos preparemos para una apertura a una nueva opción de relación.

Caso terapéutico

Una paciente expresaba tener muchos problemas con su pareja; uno de ellos era que su esposo llegaba diariamente del trabajo a las dos o tres de la mañana, por lo que ella se sentía frustrada y ya no sabía qué hacer. Cuando lo comentó, mi primer pensamiento fue que tenía razón de sentirse así; sin embargo, después supe cuál era la ocupación de su esposo: él trabajaba en un elegante restaurante y, como capitán, le tocaba cerrar el día. Desde antes de su matrimonio él ya laboraba ahí y ella sabía que él regresaría a casa tarde. Cuando le hice ver esto, ella me dijo que pensó que tal vez con el tiempo podría cambiar de horario, pero cuando lo habló con su esposo, le contestó que era imposible. Él, por su parte, no entendía por qué había tantos problemas, si ella lo había conocido así, sabía que le gustaba su trabajo y no tenía intención de cambiarlo.

Al revisar terapéuticamente su situación relató un evento de su infancia que fue muy relevante: su padre trabajaba en una empresa con un horario de nueve a seis de la tarde, pero por lo general llegaba a casa a las dos o tres de la mañana. Su madre discutía con él y siempre estaban enojados. Cuando se dio cuenta de toda la implicación que le dejó esta experiencia, pudo entender por qué ella se comportaba de esta manera, sin identificar las diferencias existentes entre una situación y otra. Con algunas sesiones terapéuticas logró llevar a cabo un diálogo interior con la "niña herida" y entender que su padre y su esposo no eran la misma persona, ni se comportaban de la misma manera.

Cuando las expectativas son tan elevadas o irreales que nada las satisface, requerimos reflexionar sobre nuestros vacíos personales, nuestros patrones de conducta aprendidos o nuestras creencias que nos inducen a buscar satisfactores externos para necesidades que podríamos atender nosotros mismos.

He aquí algunas ideas preconcebidas sobre la relación de pareja:

- *El amor debe ser para siempre*: Exigir o expresar una emoción para toda la vida presupone, necesariamente, la práctica diaria a través de acciones comprometidas y con voluntad. Gran parte del sufrimiento en las parejas surge cuando se espera recibir un amor así, sin darse cuenta de que es necesario que ambas partes mantengan la llama encendida.

- *Yo lo(la) voy a cambiar:* Querer controlar a otros es indicador del miedo a hacer contacto con nosotros mismos. Cuando enfocamos nuestra atención en mejorar a nuestra pareja, por su bien, únicamente evadimos aspectos de desarrollo urgentes en nuestra persona. Por otro lado, podemos provocar resentimiento al invadir la libertad del otro o resignación cuando nuestra exigencia implica que nuestra pareja cancele sus sueños. Cuando la meta de cambiarse uno al otro es compartida, se suscitan luchas de poder en lugar de asumir el reto de ocuparnos de nosotros mismos, con el desgaste y la sensación de impotencia que eso conlleva.
- *No pararé hasta encontrar mi otra mitad*: En realidad somos seres completos, ¡nadie nos fraccionó! La búsqueda de esa otra parte debemos realizarla en nuestro interior. Una pareja no nos repone un pedazo, sólo nos complementa al compartir su propio ser.
- *Yo me encargo de hacerlo(la) feliz*: ¿De dónde suponemos que podremos ser proveedores de todos los requerimientos no satisfechos de nuestra pareja? ¿Acaso pretendemos ser padres, hermanos, jefes, colaboradores, enfermeros? ¿Qué insatisfacción tan grande existe en nuestro corazón que dejaríamos de ser quienes somos para convertirnos en lo que nuestra pareja necesita? Recordemos que cada uno es responsable de encontrar su razón de ser y de hacer lo necesario para vivirla.
- *No puede existir nadie ni nada, más que yo*: Firmamos, en nuestra mente, una especie de contrato donde esa persona que comparte su vida con nosotros tiene la obligación de convertirnos en el eje y en el filtro de todas sus necesidades, acciones, pensamientos y conversaciones.

En su obra *Elige bien a tu pareja*, Eduardo Aguilar Kubli asevera: "La gran ilusión e idealización del otro suele ser una etapa que puede terminar o transformarse para dar paso a la verdad (positiva o negativa) de la convivencia de la pareja y en donde intervienen varios factores... es entonces muy riesgosa la toma de decisiones respecto a un compromiso más profundo y duradero".

Tener la voluntad de generar un proyecto en conjunto, aceptar diferencias, construir una base sólida a partir del conocimiento mutuo, buscar elementos de admiración recíproca, buscar un espacio especial para la relación, son acciones que requieren ser ejecutadas conscientemente si se elige correr el riesgo de compartir. Esta fase se relaciona con un contacto maduro y profundo con la realidad, tema en el que profundizaremos a lo largo del siguiente capítulo.

2. La realidad

La pareja ***pareja*** *debe sustentarse en la valoración y el respeto de las diferencias, en la construcción recíproca sobre las fortalezas y el equilibrio armónico de las debilidades. Eso es realidad.*

No existe ser humano ni pareja perfectos. Todos tenemos talentos y limitaciones, tanto intelectuales como afectivos. La vida misma y sus enseñanzas nos aportan diferentes opciones de actuación, visión y sensación que nos ayudan a atravesar el paraíso del enamoramiento. Poco a poco, en un ámbito de confianza y riesgo, podemos así destapar nuestros baúles de experiencias, necesidades, miedos, creencias y manifestarnos tal cual hemos sido hasta ese momento, en un afán de asumir la realidad sin perder nuestra libertad de acción y de decisión.

La realidad no es ese estado de éxtasis en el que quisiéramos permanecer para siempre; pretender que es así sería garantizar el camino a la insatisfacción. No hay una realidad absoluta puesto que cada uno la percibimos desde nuestras propias experiencias y anhelos; sin embargo, el reto es intentar conocer a nuestra pareja y mostrarnos a nosotros mismos con la mayor autenticidad.

El conocimiento recíproco permite una profunda comprensión de las conductas individuales y abre la opción al diálogo que lleva a posibles acuerdos relacionados con aspectos que podríamos o querríamos modificar. Si nos mantenemos abiertos a evolucionar por convicción y por el bienestar de la relación, el enamoramiento comienza a convertirse en amor.

El amor es una decisión consciente, un acto de voluntad basado en la realidad y en la mutua aceptación. El amor requiere de admiración recíproca surgida de la convivencia, de compartir diferentes momentos, dar y recibir, y apoyarse en intereses comunes y sueños compartidos. Los miembros de la pareja se preocupan y se cuidan uno al otro.

Correr el riesgo de compartir

Compartir parecería un proceso sencillo y automático; sin embargo, no es así. El de compartir es un camino que la pareja construye con osadía, con un objetivo claro y definido aunque haya que enfrentar situaciones difíciles y adversas que implican:

- Romper hábitos aprendidos y generar nuevos patrones de conducta que favorezcan la relación.
- Vencer el temor a perder la individualidad.
- Aprender a aceptar las diferencias.

A continuación analizaremos cada uno de estos elementos.

Romper hábitos aprendidos y generar nuevos patrones de conducta que favorezcan la relación

Un hábito es el patrón de una conducta aprendida que hemos asumido como verdadera.

Los hábitos se vuelven automáticos y pocas veces nos cuestionamos si aún son válidos o funcionales; el hecho de que sigamos repitiéndolos nos provoca una sensación de seguridad e identidad con nuestras raíces.

Cuando formalizamos una relación, tendemos a suponer que, de forma natural, la pareja adoptará nuestros hábitos, sin darnos cuenta de que ésta, por su parte, abriga la misma idea.

Ejercicio: "Identificación de hábitos"

Te invitamos a anotar, en las siguientes dos columnas, los hábitos o patrones de conducta que has identificado, hasta este momento de tu relación, tanto en ti como en tu pareja. Incluimos algunos ejemplos que te servirán de guía.

Yo	***Mi pareja***
Mi desayuno es abundante.	Únicamente toma café.
Oprimo el tubo de la pasta de dientes de abajo hacia arriba y la enrollo.	Oprime libremente y sin cuidado el tubo de la pasta de dientes.
Los domingos voy al cine.	Los domingos ve películas por televisión.

Tomando como referencia los ejemplos anteriores, elabora ahora tu propio listado en las siguientes líneas:

____

____

____

____

____

____

Naturalmente, cada uno de nosotros tenemos hábitos distintos producto de nuestra experiencia personal y todos son válidos. No obstante, cuando como pareja enfrentamos estas diferencias, necesitamos, a favor de la relación, conciliar acuerdos de beneficio mutuo.

Es importante aceptar que nosotros "no somos" nuestros hábitos, que éstos no nos determinan y, aunque son aprendidos, tenemos la capacidad de desaprenderlos para elegir otros nuevos.

En primer lugar, es indispensable que los miembros de la pareja tomen conciencia de sus hábitos y los expongan, para que juntos identifiquen las diferencias y similitudes. En segundo lugar, necesitarán valorar la trascendencia de esas conductas repetitivas, con el fin de comprender que forman parte de su vida, sin criticar ni emitir juicios al respecto. En tercer lugar, hay que replantear opciones conciliadoras que se conviertan en hábitos propios de la pareja. Se puede elegir optar por alguno de los dos, crear uno nuevo o respetar que cada uno continúe con su hábito, siempre y cuando no afecte la relación.

Los acuerdos no son definitivos ni eternos. Por tanto, es necesario observar su funcionalidad para validarlos o "tirarlos a la basura" y proponer nuevos, así como estar abiertos a cuestionarlos y actualizarlos en función de los requerimientos de la vida.

Ejercicio: "Impacto de las diferencias"

Retoma la lista de hábitos propios y de tu pareja que elaboraste en el ejercicio anterior para que ambos reflexionen sobre las emociones que las diferencias les han generado y las conductas con que responden a tales hábitos. Anótalos en las siguientes líneas y enuméralos.

Hábito de tu pareja que te afecta	***Emoción que surge***	***Tu respuesta ante dicho hábito***
	Ejemplo	
Mi pareja no acostumbra desayunar	Frustración	Le expreso a gritos mi molestia, así como su falta de comprensión, y dejo de hablar todo el día
	Ahora elabora tu propia lista:	

Hábito de tu pareja que te afecta	***Emoción que surge***	***Tu respuesta ante dicho hábito***

Vencer el temor a perder la individualidad

El miedo es una emoción causada por una situación amenazante que se manifiesta en un momento preciso; el temor, en cambio, es una emoción que surge a partir de una serie de pensamientos que nos llevan a imaginar consecuencias desagradables.

Una vez que elegimos fortalecer nuestra interacción como pareja y ante la idea de compartir la vida, surgen algunos temores tales como: revivir el ambiente que nos enojó de la relación de nuestros padres, dejar de hacer las actividades que tanto nos gustan, permitir que la relación se aleje de lo que hemos soñado, decidir tener o no tener hijos, incluso perder la individualidad.

Cada ser humano es único, diferente e irrepetible, y está dotado de potencial y libertad. La individualidad se relaciona con lo que la persona elige hacer, de modo consciente o inconsciente. Por lo mismo, podemos apreciar una diversidad infinita de caracteres, rasgos físicos, corporalidades, intereses, motivaciones, proyectos, hábitos e ideas. Si en verdad hemos aprendido, a lo largo de la vida, a llenarnos de nosotros mismos y a aprovechar nuestros talentos, la vida en pareja no debería representarnos amenaza alguna. La aparente amenaza se da cuando uno de los dos, al no tener una identidad propia, intenta "llenarse" con el otro (véase la figura 2.1), o cuando ninguno está dispuesto a compartir un espacio común (véase la figura 2.2).

Figura 2.1 Me "lleno" con el otro

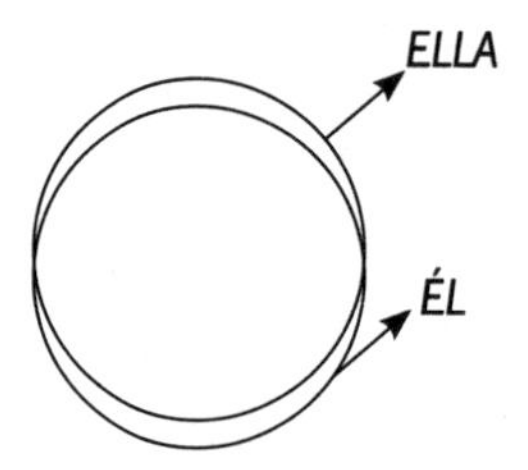

Figura 2.2 No compartimos

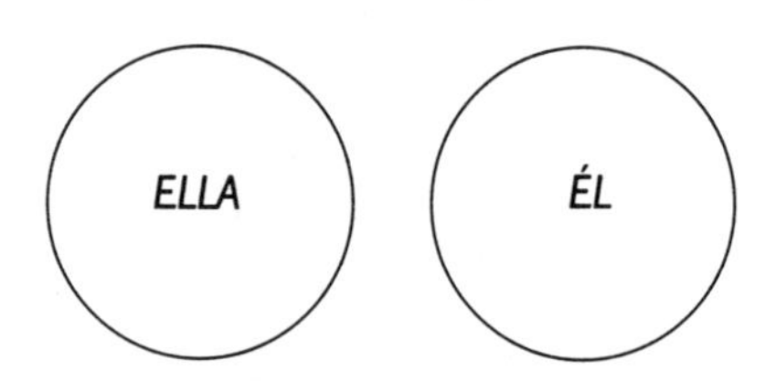

En ninguno de los dos casos se entabla una relación de pareja ***pareja***. Cuando alguien tiene el temor de "perder su identidad" es porque en realidad no la tiene definida.

Una relación de pareja ***pareja*** requiere, forzosamente, la unión de dos identidades íntegras, en la cual ambos se enriquecen y aprenden de sus mutuas diferencias, respetan los límites que cada uno requiere en su espacio vital, se permiten el desarrollo y el crecimiento personales, se reconocen y se valoran uno al otro, y aceptan los conflictos como oportunidades en donde las diferencias pueden discutirse abiertamente.

En la figura 2.3 se aprecia un esquema en el que cada uno mantiene su individualidad y, además, surge un espacio común enriquecido con su propia identidad (pareja), de tal manera que el temor del que hemos hablado no sólo deja de existir, sino que fortalece a cada uno.

Figura 2.3 Espacios en la pareja

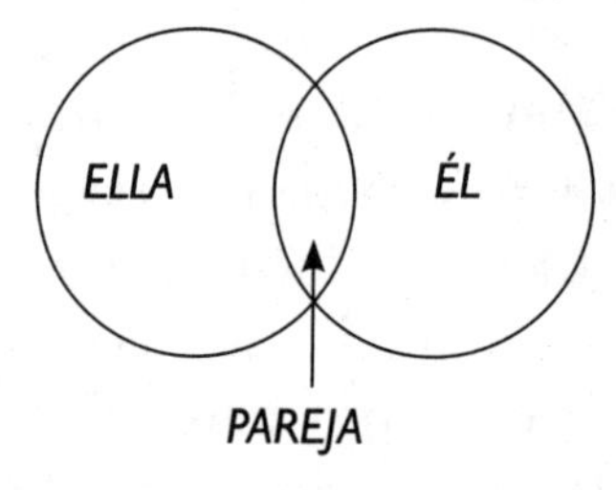

Reflexión

Lee con detenimiento las respuestas que anotaste en el ejercicio anterior y reflexiona en cada caso, con sinceridad, sobre qué parte de lo que consideras tu individualidad temes perder si te abrieras a otras opciones.

Anota tus conclusiones:

____

____

____

____

____

____

Aprender a aceptar las diferencias

Imagina un campo de flores e identifica la variedad de categorías, colores, formas y aromas que puedes encontrar. Incluso, si observas dos flores de la misma especie siempre encontrarás diferencias entre ellas y eso no significa que una sea más hermosa que la otra.

De la misma manera, y por fortuna, los seres humanos somos diferentes. Cada uno tenemos experiencias propias que nos hacen percibir la realidad según la hemos vivido y que, por consiguiente, se traducen en una infinidad de conductas.

Nuestra tendencia natural como seres humanos es suponer que podemos funcionar o interactuar mejor con aquellos que son similares y, de ser posible, iguales a nosotros. Muchos consideramos verdadera esta idea y no nos damos cuenta de que nos impide enriquecernos de enfoques y experiencias de vida diversas: nos encapsula y nuestra percepción queda limitada a una perspectiva parcial. El hecho de que supongamos que los demás están equivocados, no quiere decir que nuestra visión sea necesariamente la verdadera.

Joseph Zinker, en *El proceso creativo en la terapia gestáltica,* señala: "Las diferencias producen roces..." y nosotras agregaríamos que los roces producen chispas y es nuestra elección utilizarlas para quemarnos uno al otro o para iluminarnos.

Al respecto, en su obra *Relaciones en el núcleo familiar,* Virginia Satir expresa: "La pareja inteligente procurará conocer pronto sus diferencias.

Tratará de ver cómo puede hacer para que éstas trabajen a su favor y no en su contra".

Ejemplo ilustrativo

Sara y León son una pareja de origen judío. Cuando se casaron, cada uno vivía su religión en forma distinta. Él, ortodoxamente y ella, de manera más flexible. Ambos aceptaron sus diferencias y acordaron respetar el estilo de práctica de cada uno. Conforme nacieron y crecieron sus tres hijos, identificaron la confusión que provocaban en ellos y dialogaron intensamente sobre la manera de resolver esa situación. Al analizar el peso que tenía para cada uno su postura, Sara eligió aceptar y adaptarse desde su corazón a la postura ortodoxa de León por la necesidad de enviar un mensaje congruente a sus hijos y también en beneficio de la convivencia familiar.

Las opciones ante las diferencias, cuando se manejan constructivamente y en pro del bienestar de la pareja, pueden ser variadas y depender de cada situación:

- Asumo tu estilo o asumes el mío.
- Buscamos una opción que integre los estilos de ambos.
- Aceptamos las diferencias y nos damos espacio para que cada uno se sienta cómodo con su estilo.
- Generamos un estilo nuevo y propio de la pareja.

Ejercicio: "Aprovechar las diferencias"

Retoma el ejercicio "Impacto de las diferencias" y lee de nuevo tus reflexiones para que elijas la diferencia que te causa más dificultad y atemoriza más tu intimidad.

Anota esa diferencia y visualiza los cuatro escenarios posibles que se describen en los párrafos anteriores, especificando qué efectos causaría ese movimiento en ti, en tu pareja y en la relación.

Ejemplo

Diferencia: Mi pareja no acostumbra desayunar.

Escenario I

- Asumo tu estilo o asumes el mío.
- Cuando comparta las mañanas con mi pareja, puedo prepararme un licuado o algo similar que me nutra y me deje satisfecho(a).

Posibles efectos

Para mí: Si puedo acordar con mi pareja hacerlo dos veces a la semana como máximo, no tengo inconveniente.

Para mi pareja: Agrado y reconocimiento.

Para la relación: Tendríamos tiempo para aprovechar alguna actividad que nos satisfaga a los dos.

De esta manera, ejercita tu imaginación para cada escenario, con la diferencia que elegiste.

Diferencia: ______________________________

Escenario I

- Asumo tu estilo o asumes el mío.

  ____

  ____

Posibles efectos

Para mí: ______________________________

____

Para mi pareja: ______________________________

____

Para la relación: ______________________________

____

Escenario 2

- Buscamos una opción que integre los estilos de ambos.

  ____

  ____

Posibles efectos

Para mí: ______________________________

____

Para mi pareja: ______________________________

____

Para la relación: ______________________________

____

Escenario 3

- Aceptamos las diferencias y nos damos espacio para que cada uno se sienta cómodo con su estilo.

  ____

  ____

Posibles efectos

Para mí: ______________________________

____

Para mi pareja: ______________________________

____

Para la relación: ____________________

____

Escenario 4

- Generamos un estilo nuevo y propio de la pareja.

____

____

Posibles efectos

Para mí: ____________________

____

Para mi pareja: ____________________

____

Para la relación: ____________________

____

Una vez elaborados tus cuatro escenarios, elige el que estás dispuesto(a) a ejercer, prepárate o prepárense para llevarlo a cabo y dense un tiempo de prueba (uno o dos meses). Al término de este periodo, evalúen si valió la pena y si están dispuestos a continuar así. Recuerden que lo peor que puede pasar es que regresen a su estilo de actuación anterior.

¿Crees que vale la pena intentarlo?

Crear el nuevo espacio de la pareja

Esperamos que haya quedado clara la importancia de superar temores y dificultades para manejar, cada uno desde lo individual, aspectos de desarrollo personal y áreas pendientes de cultivar, ya que desde ahí expandimos nuestro potencial, nos sentimos bien y podemos dar lo mejor de nosotros. También es cierto que cuando formamos una pareja requerimos crear un espacio común –con su propia identidad– denominado "nosotros" que se enriquece con las experiencias vividas, las necesidades de ambos y los requerimientos que la vida actual nos presenta.

Este nuevo espacio surge de una visión común y es como un bebé que se gesta con ilusión, nace, crece, se cae, se levanta, se enferma, se educa y se adapta. Como todo bebé, requiere atención constante y amorosa, acordada y respetada por ambos.

Valores y principios

Los principios son las conductas que identificamos como relevantes y surgen de los valores que, para ambos, son vitales en la relación.

Existen valores que no cuestionamos y hemos adoptado por imposición o por comodidad; otros los hemos elegido por convicción derivada de nuestra observación o de nuestros aprendizajes; también hay valores universales que se encuentran en cualquier creencia religiosa, filosofía humanista o tradiciones históricas de diferentes culturas. En la filosofía humanista identificamos algunos que consideramos importantes para la pareja:

- Respeto
- Responsabilidad
- Honestidad
- Amor

Los valores se reflejan en forma de conductas objetivas y observables. Sólo a través de ellas alguien podrá decir si somos congruentes con lo que afirmamos que creemos. De ahí la verdad que encierra la frase: "El niño no aprende de lo que escucha, sino de lo que ve".

Resulta fundamental que la pareja no sólo enuncie los valores sino que ambos clarifiquen lo que significan para ellos. Por ejemplo, el respeto es un valor universal; sin embargo, cuando Alma le planteó a Israel su punto de vista: "Me gustaría que me respetes cuando diga que no quiero ir a un evento y no intentes cambiar mi decisión", Israel le respondió que el hecho de querer que ella cambiara su postura no le parecía una falta de respeto, sino simplemente un desacuerdo. Para él, respeto significaba que, por educación, tenía que aceptar las invitaciones de sus amigos. Platicaron y encontraron una definición común al darse cuenta de que ambos enfoques eran válidos, pues ella lo refería al respeto a sí misma y él, hacia los demás.

Para esta situación específica decidieron acudir a la reunión un rato y regresar temprano. Para circunstancias posteriores, determinaron que antes de tomar cualquier decisión lo comentarían primero entre ellos.

En este caso el valor es el respeto y uno de los principios para hacerlo valer en la relación fue su acuerdo.

Los valores cobran vida una vez que se traducen en formas de ser.

Ejercicio: "Nuestros valores"

Elaboren una definición que, para la relación de pareja, los haría sentir cómodos respecto a cada uno de los valores universales que mencionamos. En seguida determinen de una a tres conductas que pueden poner en práctica para ser congruentes con ellos, en diferentes momentos de su vida en pareja.

Valor	***Definición***	***Conductas***
Respeto		
Responsabilidad		

Valor	*Definición*	*Conductas*
Honestidad		
Amor		

Comprometerse a vivir de acuerdo con los principios generados por la pareja misma, fomenta seguridad y confianza en cada uno.

Nos parece oportuno compartir ahora una frase que escuchamos de un alto ejecutivo empresarial: "Yo no soy leal ni a mí mismo, ni a mi pareja. Soy leal a los valores que acordamos que le imprimieran sentido a nuestra relación".

Visión común

Para darle sentido a todas las reflexiones relacionadas con patrones de conducta, manejo eficiente de temores, aceptación de diferencias, definición de principios y creación de una identidad como pareja, es necesario no sólo saber dónde estamos sino también a dónde queremos llegar.

Es decir, diseñar una visión común para la pareja que le dé rumbo, razón de ser y se convierta en una fuente de inspiración.

Una visión es una imagen del futuro, clara y precisa, de lo que deseamos crear. Requiere clarificar los resultados deseados en distintos ámbitos de la vida de la pareja y especificar los *cómos* en acciones.

La visión puede convertirse en un sueño vacío si ambos no la comparten y aceptan por completo y si no se derivan de ella compromisos que la transformen en realidades alcanzables.

Caso terapéutico

Felipe y Rosy llevan una relación de tres años de novios; mientras él expresa ser muy feliz viviendo cada día como se presenta, ella se siente cada vez más incómoda porque busca que ambos tengan una visión común. En tres años, Rosy visualiza estar casada con él y tener un bebé. Por su parte, Felipe argumenta que no le parece adecuado pensar en un sueño tan lejano si todavía necesitan aprender a estar juntos hoy día. Para Rosy ha sido suficiente el tiempo que han compartido y, además, cree que en la vida tendrán que experimentar diferencias y que éstas se manejarán mejor en la medida que tengan un sueño común. Esto ha sido tema de trabajo terapéutico y, aunque Felipe pretende seguir con la relación de esta manera, Rosy ha decidido ser fiel a sí misma y a su proyecto de vida, por lo que le ha planteado a Felipe que una relación así la hace sentir vacía y que prefiere terminarla.

Para ser motivadora, una visión requiere ser redactada en párrafos cortos y siempre en primera persona del singular o del plural y en presente, de tal manera que su lectura permita mirarla como si estuviera sucediendo ahora, lo que impulsa a dar todo de sí para convertirla en realidad.

Ejemplo ilustrativo

Juan Carlos y Belinda decidieron comprometerse a vivir juntos, una vez que clarificaron y escribieron su visión como pareja a diez años respecto a los siguientes puntos.

Su lugar de residencia

Vivimos en un departamento que estamos terminando de pagar, gracias a nuestros ahorros.

Su vida profesional y laboral

Gracias a nuestros estudios de maestría que realizamos durante nuestros primeros años de casados, hoy Juan Carlos labora en una empresa prestigia-

da que nos da seguridad y oportunidades de desarrollo. Yo, Belinda, tengo un negocio propio que me permite acomodar mis horarios a mis diferentes necesidades.

El crecimiento de la familia

Tenemos dos hijos de cuatro y dos años de edad, respectivamente, con los cuales compartimos responsabilidades y alegrías.

Ejercicio: "Redacten su visión común"

Con tu pareja, determinen los apartados sobre los cuales quisieran redactar su visión a 10 años. Pueden ser tantos como decidan.

Ahora, compartan diferentes escenarios para cada apartado y elijan el que más les entusiasme. Redacten los escenarios elegidos, en presente y en primera persona del plural, como en el ejemplo anterior.

Una vez concluidos todos los apartados, elaboren un plan de acción y definan, año por año, las metas por alcanzar y los pasos que tendrán que seguir para lograrlas.

Una visión bien articulada y retadora da rumbo al hacer cotidiano, conecta el presente con el futuro y necesita una buena comunicación, cooperación, compromiso y alegría, todo lo cual mantiene a la pareja inspirada e interesada en continuar con la relación.

Aun así, no podemos perder de vista que la cotidianeidad se sustenta en gran parte en las actividades que se ejercen en el día a día, mismas que se derivan de los roles que cada uno asume por acuerdo, por azar o por comodidad y que deberán revisarse con detalle para evitar malestares innecesarios, como lo analizaremos en el siguiente capítulo.

3. Los roles en la pareja

Una persona dedicada a incrementar su autoridad sobre sí misma,
a hacerse dueña de sus actos y a ser capaz de compartir
el dominio con otros, no busca dominar a nadie, se dedica a ser
y a dejar ser a los que le rodean.
Wayne Dyer

Los roles que asumimos en las interacciones de pareja están fuertemente sustentados en los modelos aprendidos en la familia, en la sociedad y en la cultura. Aunque las tradiciones han cambiado paulatinamente, lo que hoy para nosotros es identificado como "más normal", hace algunos años no era muy común, como observar a mujeres trabajar fuera del hogar conyugal para ayudar a sus esposos. En ocasiones, gracias al trabajo que desempeñaban, adicional al del hogar, podían costear la educación de sus hijos, pero esta situación distaba mucho de ser la regla.

En primer lugar, los roles femeninos tienen un referente fisiológico. Dado que una mujer tiene la posibilidad de dar vida, de alojar en su vientre a un nuevo ser, sus funciones históricamente primordiales han consistido en la reproducción, en cubrir las necesidades de los hijos a través de la nutrición y del cuidado amoroso, y también en atender las necesidades de su esposo. Por ende, su tarea era estar en casa, mantener el orden, el alimento, el vestido y, por último, *estar*.

El rol masculino ha sido, tradicionalmente, el de proveedor del sustento para cubrir las necesidades básicas: alimento, casa, vestido, estudios; era el *cazador*.

A través del tiempo, el hombre se ha caracterizado por poseer una mayor fortaleza muscular y, en consecuencia, por su capacidad para soportar carga pesada. ¡Tal vez tú creas ahora que no es así! Tiempo atrás era muy común ver que él hacía trabajos que requerían alta resistencia física en las empresas; al hombre se le pedía ayuda o se esperaba su arribo a casa para hacer cambios de mobiliario o para apoyar con movimientos que requerían fuerza. También era educado para defender a su familia, por lo que era el encargado de matar un ratón o de enfrentarse a alguien en un pleito.

En ocasiones, las mujeres se quejaban de no recibir ayuda suficiente por parte de sus esposos, aunque paradójicamente también fomentaban en sus hijos varones esas mismas conductas. Es muy probable que hayas escuchado alguna de las siguientes frases en relación con los hombres:

- "Los hombres en la cocina huelen a caca de gallina."
- "Los hombres no lloran."
- "Los hombres no juegan con muñecas."
- "Cuida a tus pollas que mi gallo anda suelto."
- "No llores, no seas marica. "
- "Te toca cuidar a tus hermanas."
- "Aguántate, no te pasó nada."
- "No agarres la escoba, eso es cosa de mujeres."

Y en relación con las mujeres:

- "Cuida a tus hermanos."
- "Ve por las tortillas."
- "Ayúdame con la comida."
- "Recoge tu ropa y la de tu hermano."
- "Pareces marimacho, las mujeres no juegan así."
- "Las niñas bonitas no se enojan."
- "¿Para qué estudias tanto si te vas a casar?"

La madre educaba a sus hijos de acuerdo con el género: desde pequeña, a la niña la enseñaba a cocinar, a barrer, a preparar galletas o pasteles. Aún en nuestros días, les compran muñecas para que jueguen a bañarlas, vestirlas y peinarlas, así como carriolas, cocinas, juegos de té, etcétera.

¿Acaso viste alguna vez que una madre o un padre le compraran a su hijo varón un juego de cubeta, trapeador y escoba para que se entretuviera? ¡Por supuesto que no! Al niño le compraban juegos de herramientas como martillo, desarmador y tornillos, lo mismo que guantes de box o balones de fútbol, carros, soldados, rifles, pistolas y lo estimulaban a participar en deportes y juegos agresivos.

Los juguetes explican claramente cuáles son los roles que se exigen a los hombres y cuáles a las mujeres.

No obstante, poco a poco observamos que se gestan cambios interesantes al respecto. Tanto hombres como mujeres están aprendiendo y, sobre todo, queriendo realizar, actividades distintas.

Casos terapéuticos

Al sondear con dos parejas jóvenes su pensamiento acerca de los roles de la mujer y del hombre recibimos la siguiente información.

Caso I

¿Quién trabajará?

Carmen y Enrique *(Pareja joven con proyecto de matrimonio a corto plazo.)*

Carmen: *Mi novio dice que si nos casamos no quiere que yo trabaje, aunque a mí sí me gusta hacerlo.*

Terapeuta: *Y ¿qué harías si él te lo pide?*

Carmen: *Pues no trabajaría.*

Terapeuta: *¿Y qué te correspondería a ti hacer para apoyar a tu esposo?*

Carmen: *A mí me toca tener la casa limpia y la comida lista, lavar y planchar. Claro, me gustaría que él me ayudara, me acompañara a comprar la despensa y también entrara a la cocina y preparara de vez en cuando la comida.*

Terapeuta: *Esto es lo que te gustaría, pero ¿lo han platicado?*

***Carmen**: No, no se me había ocurrido.*

Enrique sólo escuchaba y de pronto dijo:

***Enrique**: Bueno, yo no quiero que trabaje y no sé si quiera ayudar en la casa. Voy a llegar muy cansado y el papel de ella, si no trabaja afuera, es precisamente tener la casa limpia, la comida preparada y mi ropa y su ropa listas.*

Con esta breve conversación podemos darnos cuenta de que aún persiste la idea de que el trabajo de casa no se percibe como tal, a diferencia de un trabajo remunerado que no tiene que ver con el quehacer doméstico. Carmen comentó en un principio: "Si nos casamos mi novio no quiere que yo trabaje". Entonces:

- *¿El trabajo que se lleva a cabo dentro de casa, no es un trabajo?*
- *"Él no quiere que ella trabaje" y ella ¿qué quiere?*

Caso 2

¿Quién se encarga de qué?

***Sofía y Armando** (Jóvenes con matrimonio reciente, ambos con actividades remuneradas fuera del hogar.)*

***Sofía**: A mí me toca llevar la casa, aunque procuro contratar a alguien que me apoye con el aseo; si no es posible, yo me hago cargo. Cuando llega a casa, Armando se dedica a descansar o trabaja un rato más en la computadora. Yo estoy pendiente de que la ropa esté limpia y planchada; si algo está arrugado, generalmente mi esposo me pide que lo planche porque él no sabe hacerlo. Los sábados voy a comprar la despensa de la semana mientras Armando va a jugar fútbol.*

***Armando:** Yo soy el encargado de los autos: cuando se descompone el de Sofía, lo llevo a arreglar. Efectivamente, todo lo de la casa lo ve Sofía pues ella sabe que a mí no me gusta.*

***Terapeuta**: ¿Y quién tiende la cama?*

Los dos se miraron e inmediatamente Sofía contestó:

***Sofía**: Si no tengo quien me ayude, yo la tiendo mientras Armando se baña.*

Terapeuta: *¿Se han puesto de acuerdo respecto a los quehaceres que corresponden a cada uno?*

Armando y Sofía: *No, simplemente cada uno asume "sus" tareas, sin siquiera cuestionarnos si estábamos de acuerdo o cómo podríamos llevarlas a cabo.*

Reflexión

Detente un momento, siéntate cómodamente y reflexiona:

- *¿De cuántos temas no hablas con tu pareja?*
- *¿Cuántos sucesos das por hecho sin cuestionarte siquiera si te gustan o no?*
- *¿Cuáles son tus tareas y cuáles son las de tu pareja?*
- *¿Cuáles son las tareas que pudieran y quisieran compartir?*
- *Los roles que asumes y los quehaceres que absorbes ¿los aceptas por convicción o porque te dijeron que así debería ser?*

Es importante que empieces a tomar conciencia sobre qué es lo que haces y qué es lo que hace tu pareja. Lamentablemente puede llegar un momento en que cada uno crea que realiza demasiadas labores y que el otro no pone de su parte lo suficiente, situación en la que pueden aparecer emociones como frustración y resentimiento.

¿Quién lava los platos?

"Hasta la pregunta sobra, ¡por supuesto que es una labor de la mujer!" sería la respuesta que hubieran dado nuestros abuelos y abuelas si se nos hubiera ocurrido preguntarles. Hace 30 años, aunque no se expresara en voz alta, se aceptaba como aprendizaje implícito el hecho de que a la mujer le correspondía lavar los platos o buscar ayuda si no quería hacerlo ella misma. Todas las labores de la casa correspondían al género femenino y si alguna trabajaba en algo diferente o estudiaba, al llegar por la tarde o por la noche se veía obligada a continuar con el trabajo de ama de casa.

Un gran número de parejas no llegan a acuerdos para decidir "quién lavará los platos". Cuando escuchamos que el hombre los lavó, la mujer se siente muy agradecida y se lo aplaude porque es algo que desde su paradigma familiar "no le toca". Lo mismo ocurre cuando el hombre tiende la cama, va al supermercado o realiza otras labores domésticas.

La funcionalidad en los roles y en el ejercicio de cualquier actividad que enriquezca y mantenga unida a la pareja no depende de aprendizajes estereotipados ni de conductas aprendidas, rígidas y automáticas, sino de acuerdos sustentados (concordancia) en principios comunes, en sus objetivos de vida y en el respeto a sus derechos y a sus creencias auténticas. Una vez que estos objetivos, derechos y creencias se comparten por medio de un diálogo sincero y empático, generan compromisos que permiten que las obligaciones acordadas para cada uno se vivan con alegría y entrega (es decir, se establecen acuerdos).

Es evidente que existe una serie de actividades que hay que realizar con carácter "obligatorio", buscando tener una casa funcional, con armonía y bienestar. Algunas son lavar los platos, mantener los baños limpios, hacer el aseo de la casa, lavar la ropa y tender las camas. Lo que sí puede negociarse es la responsabilidad personal ante cada uno de los quehaceres desde un enfoque justo y equitativo para los integrantes de la pareja.

Habrá ocasiones en las que la concordancia permitirá que los acuerdos se definan fácilmente, pero en otras será necesario negociar y generar acuerdos que podrían implicar más tiempo y "ciertos sacrificios" (tolerancia) al tener que aceptar tareas que no necesariamente agradan, pero que son necesarias para el mantenimiento de la pareja y del amor.

Casos terapéuticos

Caso 1

Un caso de concordancia

Raquel y Bernardo *(Esposo y esposa durante 30 años, con dos hijos profesionistas e independientes.)*

Como sucede a la mayoría de las parejas, durante muchos años su atención estuvo centrada en los hijos y en la generación de recursos económicos. Cuando sus hijos eligieron su propio camino y dejaron el hogar, Raquel y Bernardo, quienes siempre han tenido una comunicación eficaz, identificaron una sensación de vacío y pidieron asesoría. En el proceso descubrieron que por mucho tiempo dejaron a un lado sus propios intereses y actividades, algunos de los cuales eran sumamente gratificantes y afines. Así, decidieron retomarlas y empezaron con unas clases de baile de salón, promovieron con sus amigos convivencias semanales, tomaron una clase de historia del arte y algunas actividades más.

Hoy se congratulan por haber identificado y comunicado sinceramente su sentir y por estar abiertos a alternativas que llenaron su vacío.

Caso 2

Negociación y generación de acuerdos

Alfonso y Laura *(Tres años de matrimonio y una hija de un año.)*

Alfonso está interesado en estudiar una maestría en mercadotecnia que apoye su carrera en la empresa donde labora. Incluso, la compañía ha aceptado darle un apoyo económico para tal fin, siempre y cuando la estudie en horarios no laborales. Laura imparte clases en la universidad en los horarios en que Alfonso podría estudiar la maestría.

Entre ambos perciben los ingresos necesarios para satisfacer sus necesidades actuales. De lunes a viernes Laura imparte clases de siete a nueve de la mañana. Alfonso tiene un horario laboral muy largo de lunes a domingo, de diez de la mañana a diez de la noche, y sus días de descanso no son fijos. Por lo general, mientras Laura da clases, Alfonso atiende a su hija y la prepara para llevarla a Maternal. Ante la opción de la maestría, dialogaron profun-

damente acerca de las necesidades de cada uno y de su relación de pareja. El acuerdo al que llegaron fue que Alfonso pospondría su ingreso a la maestría durante unos meses a favor de sus prioridades como pareja.

Caso I

Una opción de tolerancia y respeto a las diferencias

Alejandra y Raymundo *(Casados en segundas nupcias.)*

Raymundo, de 65 años, se casó en segundas nupcias (dos años después de haber enviudado) con Alejandra, 12 años menor que él. Raymundo se acostumbró a ser atendido por su esposa anterior. Alejandra, divorciada, después de 20 años de ser independiente, es una mujer profesionista con un negocio propio y habituada a tener apoyo doméstico de lunes a sábado. Durante los primeros domingos de la nueva relación ella le solicitó a Raymundo que la apoyara para que entre ambos arreglaran la recámara. Él se negó en varias ocasiones y ella, bastante molesta, hacía la tarea completa, sin entender esa negativa constante por parte de su esposo. Cuando le preguntó sobre las causas de su falta de apoyo, Raymundo respondió que para él no tenía importancia dejar la cama sin tender (tal vez ocultando sus creencias masculinas de que esa tarea corresponde a la mujer). Cuando Alejandra se dio cuenta de su propio malestar, eligió respetar el punto de vista de Raymundo y respetarse a sí misma en cuanto a lo que para ella era importante, así que decidió tender la cama pero sólo de su lado y dejarle a Raymundo su mitad sin arreglar ("al fin no le importaba"). Pocos domingos después, cuando Alejandra tendía la cama, Raymundo llegó y sin decir una sola palabra, empezó a ayudarla.

Es recomendable llevar a cabo un análisis honesto y equitativo de las actividades que realiza cada uno (domésticas, escolares, laborales, físicas, familiares, etc.) que impactan directamente en la pareja, así como de aquellas que responden sólo a intereses personales.

Ejercicio: "Actividades"

En seguida encontrarás un cuadro para anotar dichas actividades y su impacto, así como el tiempo que inviertes en cada una.

Actividades que llevas a cabo con tu pareja	*Tiempo semanal*
Ejemplo	
Ir al cine los jueves por la noche	4 horas
Comida entre semana	6 horas

Ahora realiza tu propio análisis:

______________________________	__________
______________________________	__________
______________________________	__________
______________________________	__________
______________________________	__________
______________________________	__________
______________________________	__________
______________________________	__________
______________________________	__________

Actividades personales	*Tiempo semanal*
Ejemplo	
Ejercicio	5 horas
Salida con amigos	3 horas

Ahora realiza tu propio análisis:

______________________________	__________
______________________________	__________
______________________________	__________
______________________________	__________
______________________________	__________

Sugerimos que este ejercicio también lo haga tu pareja.

Una vez que ambos lo lleven a cabo, es conveniente que hagan un balance para compartir sus reflexiones, expresar sus inquietudes y negociar las opciones que consideren más equitativas para ambos.

Ni amo de casa, ni feminista radical

Con el paso de los años han surgido movimientos de rebeldía que pudieran parecer tan radicales como las creencias que hasta no hace mucho se tenían de los roles que tradicionalmente han definido al hombre y a la mujer.

Si bien estas reacciones sociales han sido detonadoras de diferentes opciones en la vida de pareja, su rigidez anula la esencia de los géneros masculino y femenino.

Es válido cuestionar patrones culturales y adaptarlos a las exigencias del mundo cambiante en que vivimos, sobre todo porque durante muchas décadas se mantuvieron sin modificación, pero también cabe rescatar y mantener lo que ha sido funcional, lo que continúa siendo vigente y además es parte integral de nuestro ser.

Una lucha por la "liberación femenina" donde se pretenda negar toda diferencia entre hombre y mujer y se quiera romper con todo lo establecido, únicamente contribuye a radicalizar las actitudes y conductas tanto de mujeres como de hombres.

Una mujer radical puede elegir cualquiera de las siguientes posturas límite:

- "Disfrazarse de hombre" actuando como tal en todos sus ámbitos y, en consecuencia, cancelando su feminidad. En este modelo se encuentra la mujer que invalida o menosprecia las acciones del hombre, imita sus comportamientos y en ocasiones hasta su vestimenta, utiliza un estilo de mando o control autoritario e incluso agresivo e incursiona en terrenos peligrosos para su salud y para la integridad de su familia.

- Exacerbar su rol de mujer sumisa por temor a responsabilizarse de proyectos personales retadores. Algunas conductas características de este tipo de mujeres son: demandar absoluta protección por parte de su pareja, no tomar decisiones, jugar los roles de víctima o ingenua y limitarse a las actividades del hogar sintiéndose incapaz de generar recursos económicos por sí misma.

Ejemplos ilustrativos de los roles femeninos

Disfrazarse de hombre

María es una joven profesionista que labora en una empresa transnacional desde hace un año; gracias a su brillante desempeño recientemente fue promovida a un puesto de mayor responsabilidad. Se siente muy motivada con el cambio, pero encuentra que la gerente del área tiene un estilo completamente diferente del de su jefa anterior. En el poco tiempo que lleva en el puesto y a través de la interacción con sus compañeros, ha podido identificar que el clima laboral es muy tenso y que los trabajadores se muestran temerosos ya que no se sienten valorados ni escuchados y cuando la jefa les solicita alguna tarea, lo hace de manera déspota y cuestionando su capacidad. También se ha dado cuenta de que la jefa compite con sus colegas y siempre quiere tener la razón; incluso su vestimenta es similar a la de los hombres ejecutivos de la compañía. El personal la respeta por su talento, pero también es muy criticada por su comportamiento impositivo, poco empático y rígido.

Exacerbar su sumisión

Carolina es una mujer madura con dos hijos profesionistas, uno de ellos casado. Durante sus primeros años de matrimonio trabajó como asistente de di-

rección, con una excelente trayectoria. Después del nacimiento de su segundo hijo optó por dejar su trabajo y dedicarse al hogar, adaptándose a la situación económica de su marido. Disfrutaba mucho en el club deportivo y en reuniones sociales con sus amigas. Recientemente, ante una crisis económica de su esposo, manifiesta coraje, angustia y un comportamiento demandante hacia su familia. Les expresa que ya hizo lo suficiente por ellos y que, por tanto, no deben considerar en absoluto la posibilidad de que trabaje para generar ingresos.

Un hombre radical puede, a su vez, asumir cualquiera de las siguientes posturas límite frente a los movimientos sociales que demandan reposicionar los roles del hombre y de la mujer en la vida diaria:

- Adoptar el papel de "amo de casa" y delegar en su mujer la responsabilidad de generar y proveer los recursos para el sostén de la familia. En esta postura se encuentra el hombre cuyas conductas pueden ser: atender las labores diarias de la casa, acompañar a los hijos a la escuela y supervisar sus tareas, destinar su tiempo libre a sus intereses personales (gimnasio, convivencia con amigos, pasatiempos específicos), exigir atención y calidez por parte de la esposa, además de demandar mejor calidad de vida.
- Permitir que la esposa trabaje "siempre y cuando no desatienda las labores de la casa, ni la atención tanto a él como a los hijos, si los hay". Aquí podemos observar comportamientos tales como: influir en la elección del trabajo de su mujer o hasta decidir cuál es el tipo de trabajo que debe desempeñar; culparla de cualquier inconveniente surgido en casa o con los hijos; requerirle un porcentaje proporcional de aportación para los gastos familiares, limitarle los "permisos" para actividades extralaborales o para entretenimientos personales.
- "No, porque no." Esta postura se caracteriza por conductas extremas, en las que el hombre condiciona la relación a estándares donde la mujer debe cancelar cualquier opción que implique trabajo, desarrollo profesional o personal, estudio, eventos sociales o familiares en donde él no participe.

Ejemplos ilustrativos de los roles masculinos

Amo de casa

Federico es un profesionista que laboró hasta hace casi dos años en una empresa como director de promoción y ventas. Debido a una fusión empresarial, fue liquidado y, a partir de entonces, comenzó a apoyar con las labores de casa. Su esposa Armida, quien ya trabajaba como gerente en una empresa farmacéutica, se hizo cargo de la economía familiar, "mientras él encontraba trabajo". Conforme pasó el tiempo, Federico se hizo cargo de más tareas domésticas, argumentando que las ofertas de trabajo que recibía no cubrían sus expectativas (distancia, sueldo, proyección, etc.). Mientras Armida disfrutaba los beneficios de que Federico se hiciera cargo de la casa, éste cada vez se empeñaba menos en buscar opciones laborales. Con el paso del tiempo, comenzaron a generarse conflictos entre ellos pues Armida se sentía cada vez más lejana de casa, de sus intereses personales y sus espacios de esparcimiento, así como presionada por atender las necesidades económicas de la familia, mientras que Federico utiliza como argumento que apoya en tareas que ella debería hacer y que no cumple por "preferir su trabajo".

Siempre y cuando

Carlos, empleado de una tienda comercial, está casado desde hace seis años con Rebeca. Tienen un hijo de tres años de edad y su proyecto es no tener más hijos por ahora. Rebeca le ha propuesto inscribir al niño en una guardería por las mañanas y, en ese lapso, trabajar para mejorar su calidad de vida y sentirse más plena. Carlos alaba la decisión y le plantea que ésta puede ser una gran oportunidad para convertir en realidad su sueño de independizarse y dejar de trabajar como empleado. En consecuencia, consigue un local para vender partes eléctricas para automóvil y la presiona para que ella se haga cargo por las mañanas, intentando convencerla de que esto responde a lo que ella quiere y, además, generará un patrimonio familiar. Al mismo tiempo le hace hincapié en su deber de continuar atendiendo, como siempre, a su hijo, a él y las labores de casa.

No, porque no

Mario es dueño de un taller de carpintería. Su esposa Cristina, de 50 años de edad, se ha dedicado a su casa y a su familia hasta este momento. Los hijos de ambos son independientes y viven en su propio espacio. Cristina, al no sentirse necesitada por sus hijos y reducir sus actividades del hogar, decide buscar alternativas que ocupen su tiempo, ya sea de estudio o de trabajo. Una vez que ha elegido algunas opciones, las plantea a Mario y la respuesta que recibe es categórica: "No estoy de acuerdo"; cuando le pregunta por qué, él sólo contesta: "Porque no".

A la solicitud de ella, le argumenta que siempre han vivido con lo que él gana, le recrimina si no considera suficiente lo que tienen, le señala que ella no sabe hacer otras cosas y que, además, esa decisión puede afectar la relación entre ellos.

No cabe duda de que los cambios suscitados en los roles de hombre y mujer en la pareja actual pueden asumirse desde las posturas radicales y rígidas ya mencionadas, pese a que éstas generan conflictos entre quienes tienen diferentes puntos de vista puesto que implican una pérdida de poder personal al cancelar a la pareja su capacidad de elegir. Los juicios determinantes se perciben como controladores y generan tanto molestia como rencor, en la medida en que limitan el crecimiento individual y de la pareja al propiciar juegos manipuladores entre ellos.

Lo deseable sería buscar una actitud abierta para mirar, escuchar y respetar nuevos enfoques sobre la interrelación que se requiere en los tiempos actuales, así como analizar las ventajas y desventajas de cada uno. De este modo se identificarían y elegirían los que convengan en lo individual y puedan enriquecer la relación de pareja, descartando los que, de común acuerdo, no convenzan.

De esta manera, la pareja podría asumir una postura flexible y abierta que promueva un aprendizaje constante. Esta idea se refuerza con un párrafo de Walter Rizo en su libro *Los límites del amor*: "El amor saludable es aquel que se mantiene de los límites razonables de la convivencia inteligente y tranquila y que discurre sin tantos tropiezos ni tanta disputa".

Ejemplo ilustrativo

Luis y Andrea forman una pareja que proviene de familias muy tradicionales. A través del diálogo sobre sus necesidades han roto con creencias y mitos, mediante una comunicación abierta que les ha permitido generar acuerdos y construir sus propios esquemas de interacción.

Luis trabaja de lunes a viernes en una empresa reconocida mundialmente. Andrea, a su vez, desarrolla un trabajo que le requiere una participación en días y horarios cortos y específicos; además, se hace cargo de las labores del hogar y de atender a sus hijos.

A partir del diálogo constante y honesto en pareja, acordaron lo siguiente:

Andrea, además de sus labores, tomará clases de yoga y participará con sus amigas en diferentes actividades sociales.

Luis, después de su trabajo, irá al gimnasio y dedicará un tiempo para jugar dominó con sus amigos.

Respecto a sus hijos, ambos se responsabilizan de las actividades cotidianas y especiales de los niños en los horarios en que cada uno se comprometió, independientemente de hacerlo los fines de semana en conjunto. Convinieron compartir con ellos al menos un viaje de vacaciones a un sitio elegido con la participación de los hijos.

Respecto a la pareja, una vez a la semana salen juntos a compartir un espacio de interés común que les permita divertirse y disfrutar y, por lo menos una vez al año, toman unas vacaciones de una semana para ellos dos solos.

Con los ejemplos anteriores podrás aclarar gradualmente los modelos que tú y tu pareja asumen dentro de la relación. Como habrás observado, hay diferentes creencias y mitos que provocan comportamientos que pueden afectar o dañar la convivencia.

Qué se puede y qué no se puede cambiar

Iniciaremos este tema con la primera parte de la Oración de la Serenidad de Reinhold Niebuhr:

Dios, concédeme la serenidad
para aceptar las cosas que no puedo cambiar,
valor para cambiar las que puedo cambiar
y sabiduría para reconocer la diferencia.

Pero, ¿qué es aquello que puedo y aquello que no puedo cambiar? ¿Dónde radica esa diferencia?

El verbo *poder* expande o reduce nuestras posibilidades de actuar y depende de dos opciones:

- Lo que es un hecho porque así ha sucedido o deberá suceder (ejemplo: la muerte).
- Las creencias que limitan nuestras perspectivas (ejemplo: "No puedo aceptar el desorden" o "Él o ella debería ser más detallista").

Rebelarnos con las primeras o aferrarnos con las segundas reduce nuestras alternativas y nos asegura vivir con emociones negativas, cancelando así la búsqueda de nuevos caminos que expandan nuestra percepción de la realidad.

Wayne Dyer, autor del *bestseller Tus zonas erróneas*, escribió: "El sufrimiento empieza cuando se terminan las opciones".

Suponer que tenemos el control sobre todo lo que nos sucede y sobre nuestro entorno es absurdo, ya que la vida ofrece sorpresas continuamente y es necesario que aceptemos esta verdad.

Cuando logramos identificar nuestras posturas en la vida y los efectos que éstas tienen en nuestra relación de pareja, requerimos diferenciar aquello donde sí podemos tener dominio de aquello donde no lo tenemos. Cuando queremos ejercer control sobre nuestra pareja o permitimos que ésta lo ejerza sobre nosotros, renunciamos a la responsabilidad que nos compete en la relación y asumimos conductas que no nos corresponden. En cambio, cuando nos enfocamos al control personal, identificamos las conductas que sí podemos realizar, modificar o evitar.

En ocasiones, hemos asumido que la responsabilidad de las situaciones felices o infelices en nuestra relación corresponde a nuestra pareja, sin hacernos cargo de nuestro poder personal. Aunque no siempre estamos conscientes de ello, podemos identificar nuestra participación a través de comentarios, reacciones, conductas y actitudes expresadas por él o ella y, desde ahí, preguntarnos honestamente: ¿Acaso yo tengo que ver con lo que sucede? Definitivamente, la respuesta sería "Sí", ante lo cual surge una nueva pregunta: ¿Qué sí puedo hacer, que dependa de mí, para influir de la manera más sana en mi relación?

Para responder a la pregunta anterior es importante que tomemos conciencia de las elecciones que hacemos respecto a nuestra vida cotidiana. Si por lo regular observamos los mismos resultados, ¿no será porque invariablemente actuamos de la misma manera?

Reflexión

Reflexiona y responde sinceramente a las siguientes interrogantes, sólo para que observes tus conductas reiterativas:

1. *¿Cómo comunico mis inconformidades? ¿Qué impacto provoco?*

   ____

   ____

   ____

2. *¿Cómo facilito o bloqueo ciertas conductas particulares de mi pareja? ¿Qué impacto provoco?*

   ____

   ____

   ____

3. *¿Cómo actúo cuando se requiere mi colaboración para un fin común? ¿Qué impacto provoco?*

   ____

   ____

   ____

4. *¿Qué críticas o juicios le hago a mi pareja? ¿Qué impacto provoco?*

____

____

____

5. *Cuando mi pareja me expresa sus inconformidades, ¿cómo reacciono? ¿Qué impacto provoco?*

____

____

____

¿Qué pasaría si regresáramos el poder de cambio hacia nosotros mismos? Necesitamos esforzarnos constantemente en desarrollar o adquirir algunas habilidades, tales como:

- Percibir tanto el mundo exterior como el interior (sensaciones y sentimientos).
- Aprender sobre las prácticas que otras parejas llevan a cabo en su relación.
- Identificar las conductas propias que resultan inadecuadas y modificarlas con un plan efectivo.
- Evitar competir con nuestra pareja y concentrarnos en el desarrollo de nuestras potencialidades.
- Cuestionar, con flexibilidad, nuestras ideas sobre lo que es y lo que no es posible en la relación.
- Pedir ayuda cuando se requiera.

Caso terapéutico

Adriana y Roberto, de 29 y 31 años de edad, respectivamente, son novios desde hace tres años.

Hasta hace algunos meses, su relación había estado condicionada a un patrón aprendido en el que, de manera invariable, se culpaban mutuamente de la insatisfacción que sentían al considerarse desatendidos en sus necesidades.

Adriana desarrolló una autoestima baja, inseguridad y miedo, ya que para ella era muy importante la aceptación de los demás; por ello buscaba aprobación de sus padres, hermanos y amigos, respondiendo a sus peticiones aun en contra de ella misma. A pesar de eso, continuaba sintiendo la no aceptación. Lo anterior se agravó en un noviazgo previo, en el que su novio dominaba la situación y la maltrataba psicológicamente, hasta que un día él terminó la relación en forma abrupta.

Con inseguridad, ella aceptó esta nueva relación con Roberto, y, en paralelo, inició un proceso terapéutico. Gracias a la conciencia que fue desarrollando sobre sus propias necesidades, al contacto con sus sensaciones y sentimientos, así como a su apertura para observar y aprender de otro tipo de relaciones, perdió su miedo; identificó sus conductas de reclamo hacia Roberto y el impacto que éstas tenían en él, dado que provocaban que también él le reclamara; asimismo, retomó sus proyectos e intereses personales. De esta manera pudo expresarle a Roberto, desde una actitud diferente, lo que ella quería para sí misma, pudo aclarar sus objetivos y darse cuenta de que eran diferentes de los de él. Así, disminuyó sustancialmente su temor a una ruptura.

Recientemente le planteó a Roberto su percepción de la relación, sin presionarlo como solía hacerlo. Él le preguntó si podía considerarse incluido en su nuevo proyecto, a lo que ella respondió con franqueza que no lo sabía y que lo único que sí podía y quería hacer por la relación era mirarlo a él tal cual era, y guiarse por su intuición para "ser ella misma".

Parafraseando a Rafael Echeverría en su obra *Ontología del lenguaje*, podríamos concluir que el verdadero poder proviene del reconocimiento de nuestra capacidad de elegir.

Cuando suponemos que no tenemos elección nos paralizamos y dejamos nuestra esencia en manos de otros. Sin embargo, podemos aprender a diferenciar en qué sí tenemos el control, para dirigir nuestra actuación y nuestra actitud en ese sentido.

Ejercicio: "Qué sí puedo y quiero cambiar"

Una vez que hayas reflexionado y analizado lo expuesto en este tema, anota en el cuadro siguiente cinco conductas específicas que deseas y puedes cambiar, desde tu poder personal. A la derecha de las mismas anota si efectivamente quieres y puedes hacer algo en función de la relación.

Conducta específica observable	***¿Quiero?***	***¿Puedo?***
Ejemplo Levantarme temprano de lunes a viernes para ir a hacer ejercicio con mi pareja.	Sí	Sí
1.		
2.		
3.		
4.		
5.		

Al final de cuentas, es decisión de la pareja clarificar y acordar los roles, las posturas y la flexibilidad con que están dispuestos o no a interactuar, pero es fundamental que reconozcan, sinceramente, cómo cada uno es responsable de sus conductas y del impacto que éstas generan en el beneficio o deterioro de la relación.

En el capítulo siguiente revisaremos algunas pautas que apoyarán la efectividad de los diálogos que hemos recomendado.

4. El reto de la comunicación

Sin palabras correctas, usadas del modo correcto,
es improbable que ocurran las acciones correctas.
Eccles, Nitin y Berkley

¿Alguna vez te han mandado flores o algún regalo? Cuando te lo entregan, te piden que firmes de recibido y, por supuesto, al firmar estás consciente de aquello que recibiste.

Cuando sostenemos una conversación con alguna persona, en especial con nuestra pareja, sería conveniente darle acuse de recibo de lo que nos está diciendo, y que él o ella nos lo diera a nosotros para poder estar seguros de que recibimos y entregamos la información adecuada. Sin embargo, por lo general no sucede esto: uno de los principales problemas en las relaciones es la forma inadecuada de comunicarnos. No hemos aprendido a hablar correctamente para transmitir lo que en realidad queremos decir. Aun cuando una gran variedad de libros tratan sobre una apropiada comunicación, el problema persiste.

Una deficiencia en la comunicación no sólo implica la expresión verbal, sino también la escucha. ¿Cuántas veces has descubierto que cuando alguien te hace algún comentario, en vez de escucharlo estás pensando en qué le vas a contestar o cómo te vas a defender, o quizá quieres platicar la anécdota de algo parecido que te sucedió? Con estos comportamientos se pierde la posibilidad de una buena comunicación, pues la charla se convierte en una oportunidad para competir, defenderse o intentar darle al emisor una receta, para salvarlo(a) de alguna situación.

La expresión no verbal, como la gesticulación facial, el movimiento corporal, y la posición de brazos y manos, también es fundamental para la comunicación. A veces, una persona que dice sentirse muy bien y contenta, está de pie con los hombros hacia el frente, un rictus descendente en la boca, el entrecejo fruncido, los puños apretados, y se mantiene en silencio observando a los demás. Estos elementos nos hacen pensar que no atraviesa por un periodo de gozo ni bienestar, sino al contrario, podemos pensar que lo que nos dice es incongruente con lo que expresa corporalmente.

El tono de voz, la modulación y la regulación de las palabras también son factores importantes en la comunicación.

No se puede decir gritando: "¡Estoy tranquila, habla, te estoy escuchando!", pues ello refleja que dicho estado de tranquilidad no es real y en ese momento no se puede escuchar objetivamente.

Entre los diferentes acercamientos a la comunicación, elegimos aprovechar elementos que nos proporciona la programación neurolingüística, creada por John Grinder y Richard Bandler. Sus investigaciones se sustentaron en la observación de personas exitosas, en distintos ámbitos, y la manera en que obtenían resultados sobresalientes gracias a sus habilidades para comunicar. De ahí derivaron un modelo que plantea habilidades y técnicas que pusieron al servicio de instituciones interesadas en apoyar el desarrollo personal y mejorar las interacciones.

Una de sus técnicas más conocidas plantea lo que ellos llaman sistemas representativos. Éstos explican la manera en que utilizamos el lenguaje para expresar nuestros pensamientos y cómo a partir de ahí, nuestra comunicación es eficaz o limitada.[2]

Canales de interacción

Existen tres sistemas representativos básicos, los cuales se conocen como canales de interacción: visual, auditivo y cinestésico. Cada uno utiliza palabras, verbos y frases distintos: no es lo mismo decir "Recibí una docena de rosas rojas", que decir "Recibí unas rosas tersas y suaves con un aroma muy especial" o "Escuché campanitas cuando me avisaron que había recibido un ramo de rosas". Aunque hablamos del mismo obsequio, la primera frase correspondería a una persona en un canal "visual", la segunda

---

[2] Grinder, John y Richard Bandler. *De sapos a príncipes, Programación Neurolingüística*, Editorial Cuatro Vientos, Santiago de Chile, 1998.

a alguien en un canal "cinestésico" y la última, a uno "auditivo". Imagina que te mueves desde la cinestesia y regalas estas flores a una persona visual; ésta te comentaría algo así: "Te agradezco la docena de rosas rojas que me enviaste". Seguramente esta respuesta no sería la que esperabas, por lo que tal vez sientas que no le gustaron y hagas una serie de interpretaciones y conjeturas al respecto, sin un fundamento real.

La programación neurolingüística establece que este tipo de problemas surgidos por la diferencia de canal sucede a menudo en las parejas. Es como si cada uno escuchara una frecuencia de radio diferente o un idioma distinto. Por ello, es muy importante que identifiques cuál es el canal que prefieres; dicho de otra forma ¿cuál es el canal que usas de manera cotidiana?

Una persona visual es aquella que se da cuenta de todos los detalles que hay a su alrededor: observa, se fija en la combinación de colores, en el acomodo de los espacios, describe a alguien a nivel físico por la ropa con que viste o por su aspecto. También puede visualizar mentalmente cómo quedaría arreglado algún lugar, imaginar un paisaje o delinear ciertos detalles que para otros no tienen importancia.

En cambio, una persona auditiva prefiere el uso de la palabra como estrategia para captar y entender la información de su medio ambiente: se percata de muchos detalles a partir de lo que escucha, siempre está pendiente de los sonidos que hay alrededor, se inclina más por actividades relacionadas con la música, la lectura o la oratoria.

Por su parte, la persona cinestésica está conectada con sus sensaciones corporales y sus sentimientos. Refleja con facilidad lo que ocurre en su interior y lo que siente respecto a su entorno, especialmente al utilizar el tacto, saborear y guiarse por el olfato. Expresa una alta emotividad ante diferentes eventos, por ejemplo, al ver un atardecer, al pensar en algo que le agrada o viceversa.

Algunos ejercicios nos ayudan a identificar si somos auditivos, visuales o cinestésicos. En el ámbito de la educación es recomendable utilizar los tres canales a la vez para que los alumnos, cualquiera que sea el de su preferencia, aprendan con mayor facilidad.

El siguiente cuestionario nos ayudará a iniciar un proceso de autoconocimiento para identificar el canal predilecto propio y el de nuestra pareja.

Ejercicio: "Autoconocimiento"

Contesta las siguientes preguntas anotando tus respuestas al final.

1. ¿Qué te gusta más?
   a. ¿Ir a ver una película?
   b. ¿Escuchar un buen disco?
   c. ¿Hacer un trabajo manual?

2. Cuando vas al cine ¿qué es lo que más llama tu atención?
   a. ¿La composición musical?
   b. ¿La trama con las sensaciones y sentimientos que te despierta?
   c. ¿Los paisajes, el colorido, el vestuario, la escenografía?

3. Al escuchar una pieza musical:
   a. ¿Escuchas y aprendes lo que está diciendo y la entiendes sin que te provoque algo en especial?
   b. ¿Imaginas quién la canta y puedes ver internamente cómo viven la letra las personas?
   c. ¿Produce un sinnúmero de sensaciones y sentimientos en tu cuerpo?

4. Cuando estás con alguna persona:
   a. ¿Percibes que te da gusto estar ahí, o te percatas de si estás aburrido o ansioso?
   b. ¿Observas cómo está vestida, si combinan sus accesorios o si le va bien el color de su ropa?
   c. ¿Pones atención a lo que dice y al volumen o tono de voz que utiliza?

5. Cuando vas a comprarte alguna prenda de vestir:
   a. ¿Tienes una idea clara de lo que quieres comprar, incluso del color?

b. ¿Te desesperas si hay mucho ruido o puedes estar más tiempo si hay música agradable?

c. ¿Te gusta ver la calidad de la prenda que quieres y sentir el grosor y la textura de la tela?

6. Cuando quieres ir a un restaurante a festejar:

a. ¿Lo seleccionas por el tipo de comida que ofrecen en el lugar?

b. ¿Piensas en un lugar con un ambiente en especial y optas por música tenue?

c. ¿Eliges un lugar amplio, agradable y con un estilo en particular?

7. Cuando piensas salir a pasear con algunos amigos, ¿prefieres:

a. ¿Ir a ver una buena película o una obra de teatro?

b. ¿Un lugar donde se pueda bailar?

c. ¿Un lugar donde puedan platicar o escuchar música?

8. Cuando hablas de algún evento ¿te enfocas en:

a. ¿Comentar cómo te sentiste y los sentimientos que surgieron en ti a partir de la reunión?

b. ¿Platicar a qué lugar fuiste, describirlo, comentar sobre quiénes participaron, la ropa que llevabas, quién se veía mejor o más acabado?

c. ¿Narrar lo que se conversó y los comentarios que se hicieron al respecto?

Califica con un punto cada respuesta que coincida con las categorías que se señalan a continuación.

Visual

1a ( ) 2c ( ) 3b ( ) 4b ( ) 5a ( ) 6c ( ) 7a ( ) 8b ( )

Total: ___

Auditiva

1b ( ) 2a ( ) 3a ( ) 4c ( ) 5b ( ) 6b ( ) 7c ( ) 8c ( )

Total: ___

Cinestésica

1c ( ) 2b ( ) 3c ( ) 4a ( ) 5c ( ) 6a ( ) 7b ( ) 8a ( )

Total: ___

Al analizar los totales que obtuviste en cada categoría, puedes darte una idea de cuál es el sistema más desarrollado en ti.

Puede ser que obtengas un puntaje claramente definido en un área específica, como la visual o la cinestésica; o bien, que tus respuestas se repartan entre las tres opciones, lo que indicaría que en tu vida cotidiana pones en juego todos tus canales para la recepción y transmisión de la información. Sin embargo, no sólo es importante que respondas a este cuestionario, sino también que identifiques cuáles son las palabras que más usas y profundices en las actividades que más disfrutas.

Las palabras, verbos y frases a los que más recurres, indican el sistema representativo de tu canal preferente.

A continuación te proporcionamos una lista de aquellos que se utilizan más en cada canal. Revísalos para darte cuenta de cuáles son los que más usan tú y tu pareja.

Visual

Las personas visuales utilizan frases o palabras relacionadas con la vista, con mirar.

- Opaco, brilloso, bonito, mirar, ilustrar, luminoso, clarificar, movimiento, brumoso, ver, visualizar, perspectiva, enfocar, iluminar, observar, color, imagen, imaginar, oscuridad, verificar, vigilar.

- Utilizan frases como: "Esto me da claridad", "Veo que no me entiendes", "Mira qué bonito atardecer", "Me encanta ver los colores del cielo", "¿Cómo te verías con un vestido de color rosa?", "Tu perspectiva difiere de la mía", "¡Imagínate cómo podríamos amueblar este espacio!".

Auditivo

Las personas auditivas utilizan frases, verbos o palabras relacionados con el sonido y con el oído.

- Escuchar, oír, decir, sonidos, ruido, ruidoso, voz, volumen, fuerte, alto, bajo, silencioso, mudo, canto, grito, gritar, bullicioso, sordo, agudo, grave, llamar, quejarse, timbre, llorar, silbar, resonar, preguntar, cállate, música, armonía, desarmonía.
- Utilizan frases como: "No me estás escuchando", "Habla más claro", "Lo que decían no tenía sentido", "¿Te fijaste cómo gritaban?", "Hablan muy quedo", "Hay mucho ruido", "Me conmovió con sus palabras", "Qué bonito habló".

Cinestésico

Las personas cinestésicas por lo general hablan de sus sentimientos y sensaciones.

- Sentir, suave, áspero, tocar, acariciar, temperatura, doler, tembloroso, tosco, liso, apretado, cálido, frío, agarrar, tenso, presión, relajado, rascar, empujar, sabor, agrio, dulce, salado, olor.
- Utilizan frases como: "Me quité un peso de encima", "Me tocaste muy fuerte", "Se me puso la piel de gallina", "Siento un nudo en la garganta", "Mi temperatura corporal subió", "Sentí cómo se expandió mi pecho", "Cuando la(o) vi me puse a temblar", "Se me vino el mundo encima", "No podía ni respirar", "Huele a rosas", "Este perfume es muy fuerte", "Me encanta este sabor, me recuerda a la abuela".

Existen palabras que pueden considerarse neutrales y que apoyan a algún canal o pueden utilizarse en cualquiera de los tres.

Aunque la mayoría tenemos un canal preferido, esto no quiere decir que no podamos tener desarrollado alguno más.

Experiencia vivencial

Para mí era difícil identificar si mi canal preferido era visual o auditivo. Durante mucho tiempo tuve gimnasios y como maestra de aeróbics creaba rutinas de ejercicios específicos que coordinaran con una música determinada.

Por otro lado, podía imaginar una coreografía completa y también visualizar un escenario con los alumnos realizando diferentes movimientos.

Al desarrollar la autoobservación, me di cuenta de que mi canal preferente es el visual y de que el canal auditivo lo utilizo según mis necesidades; el cinestésico lo he desarrollado poco a poco a través de un trabajo personal.

Mi esposo es una persona auditiva, con un alto desarrollo cinestésico. Esto agiliza su trabajo como asesor, capacitador y conferencista, ya que le es muy fácil escuchar lo que expresan las personas, identificar el volumen y la modulación de su voz, detectar cómo se encuentran emocionalmente y cómo se sienten en relación con lo que les sucede.

Cuando ambos adquirimos conciencia del canal que utilizábamos para identificar la información, así como del lenguaje que usábamos, pudimos hacer cambios importantes en nuestra comunicación, mejorándola sustancialmente y rompiendo patrones reiterativos de conflicto.

Reflexión

Toma unos minutos para reflexionar:

¿En realidad quieres y te interesa mejorar tu comunicación con tu pareja?

Mejorar la comunicación implica compromiso.

Escuchar activamente

Sólo al ser escuchados se valida lo que decimos. Quien escucha, invariablemente, dará sentido a lo que se dice. Si la escucha no coincide con el habla del otro, la comunicación se convierte en una pérdida de tiempo y, probablemente, en un inservible desgaste emocional.

En su libro *Ontología del lenguaje*, Rafael Echeverría hace hincapié en que escuchar no es oír. Dice que la diferencia entre ambas acciones es que en la segunda completamos lo que el otro quiso transmitir con historias y juicios propios, desde una interpretación personal colmada de pensamientos o razonamientos derivados de nuestra experiencia. Por tanto, reitera que la escucha no es pasiva, sino activa.

La convivencia en pareja es un reto diario; generalmente existen conductas distintas, pues las historias de vida, los aprendizajes y las creencias no son iguales. No obstante, puedes aprender a observar las diferencias y acomodarlas a una nueva forma de comunicación para de esa manera generar un sistema diferente del de las familias de origen.

Para que lo anterior pueda transformarse en realidad, la escucha se convierte en una acción vital debido a que:

- Se genera un marco de referencia común, mucho más amplio que el de cada uno, para interpretar el mundo.
- Se expande la capacidad de comprensión, no sólo de puntos de vista, sino de sensaciones y conductas de la pareja.
- Se dispone de información de mayor calidad para cualquier toma de decisiones.
- Se ahorra tiempo.
- Surgen aprendizajes nuevos que repercuten en el crecimiento de la pareja.
- Al escuchar con cuidado, adquirimos el derecho a exigir que los demás nos escuchen.
- Se demuestra buena educación y se recibe, a cambio, la simpatía y la gratitud del interlocutor.

Caso terapéutico

En una ocasión llegaron a consulta Pilar y Carlos, quienes debido a un conflicto de comunicación no lograban ponerse de acuerdo respecto a los permisos que "debían" dar a uno de sus hijos.

En ese momento el hijo tenía 18 años y para la madre no era adecuado que anduviera fuera de casa después de las 12 de la noche; en cambio, el padre sí le permitía llegar a las 2 de la mañana. La pareja discutía continuamente por los permisos.

La primera propuesta fue familiarizarlos con las técnicas de dar acuse de recibo, escuchar sin enjuiciar, ponerse en el lugar del otro y parafrasear. Luego se les pidió que se sentaran frente a frente e iniciaran la conversación poniendo en práctica las técnicas antes mencionadas.

Ahora, para llegar a un acuerdo, le pido a Pilar que se siente en la silla de Carlos (convirtiéndose en él) y a Carlos, en la de Pilar (convirtiéndose en ella), y que empiecen a dialogar cuando estén listos.

***Pilar (Carlos)**: Me preocupa sentir que mis padres no me ponían horarios de salida y, además, podía estar con mis amigos todo el día sin restricciones.*

***Carlos (Pilar):** A mí me es difícil pensar que tengo restringidas mis salidas y que mis padres me supervisan todo el día y me tienen como encarcelada.*

***Terapeuta:** Es claro que para ambos es difícil intercambiar las posiciones, ya que es algo nuevo para cada uno. Es hora de que empiecen a establecer sus acuerdos desde una visión diferente.*

Seguimos un tiempo más con la sesión, pero lo importante de este trabajo no es el acuerdo al que llegaron, sino su capacidad de escucharse, así como percatarse de que cada uno tenía un punto de referencia distinto y si el otro no lo entendía, no podrían comunicarse ni superar sus molestias respecto a este u otros asuntos.

Escuchar activamente es un acto propositivo y consciente que exige fuerza de voluntad. No es estar pasivos dejando pasar sonidos, ni pensando en nuestras ideas sin siquiera considerar el punto de vista del otro.

Tampoco surge espontáneamente: se aprende y se desarrolla como una habilidad.

Colocarse en el lugar de la pareja e intentar imaginar qué siente, qué piensa y cómo sustenta sus opiniones es una excelente manera de ejercitar la escucha activa y la empatía, que analizaremos con más detalle posteriormente.

Ejercicio: "Cambio de posiciones"

A continuación encontrarás los pasos para practicar este cambio de posiciones:

1. Cambiarse de lugar y sentarse cada uno en el lugar del otro.
2. Tomar físicamente la posición que el otro tenía.
3. Alguno de los dos inicia la conversación planteando una situación específica.
4. Modular y expresar lo más fielmente que se pueda, sin hacer cambios en las palabras ni en las frases que el otro dice generalmente.
5. Después de dos o tres frases, hacer una pausa y comunicar cómo se sienten. Llegar a un acuerdo desde esta posición en la situación que se está comentando y continuar con el siguiente paso.
6. Repetir todo este ciclo cada vez que se requiera.
7. Regresar cada uno a su posición, para desde ahí expresar cómo se sintieron, qué aprendieron y si lograron un acuerdo favorable para ambos.

También puedes llevar a cabo este ejercicio tú solo(a), utilizando dos sillas vacías e intercambiando tu posición. Para asegurar la eficacia del ejercicio, procura siempre no autoengañarte y colocarte de verdad en el lugar del otro.

Si en verdad queremos hacer de la escucha activa un hábito, necesitamos adquirir conciencia de algunas conductas inefectivas que hemos utilizado en nuestra comunicación, como pueden ser:

- Convertir el diálogo en una lucha de poder en la que cada uno intente demostrar quién tiene la razón, más que enfocarse en un objetivo común.
- Estar distraído mientras tu pareja habla, alegando que "estás escuchando"; no olvides que tu cuerpo habla más que tus palabras.
- Anticiparte a lo que tu pareja quiere compartir contigo y dar por hecho que tú sabías el contenido del mensaje.
- Desarrollar en tu pensamiento tu propia opinión mientras tu pareja habla y no la escuchas.
- No dejar que tu pareja concluya su idea e interrumpir constantemente con comentarios "inteligentes".

¿Cuáles son, entonces, las actitudes constructivas que necesitas cultivar para ser un buen escucha?

- Atiende cuidadosamente lo que dice tu pareja.
- Percibe y capta los mensajes como tu pareja esperaría que lo hicieras.
- Brinda un ambiente de confianza para que tu pareja se exprese libremente.
- Intenta comprender en lugar de buscar argumentos de oposición.
- Da el tiempo necesario y muestra empatía.
- No tomes de manera personal lo que estás escuchando, refiérelo al asunto del que se habla.
- Indaga más sobre el tema si crees que es necesario.

Una aproximación más para lograr mejoras importantes en la comunicación se encuentra en el libro *El proceso de convertirse en persona*, de Carl Rogers. Aunque es una propuesta terapéutica, también posibilita construir un estilo de vida particular con base en sus técnicas: responsabilizarnos de nuestras conductas y de su impacto en nuestro entorno, desarrollar habilidades de interacción con conciencia y utilizarlas en la vida cotidiana, ser congruentes en los diferentes hábitos de vida y ser proactivos en nuestra escucha, como una opción de aprendizaje constante donde se pongan en práctica las conductas sugeridas en el párrafo anterior.

Aprender a parafrasear

El parafraseo significa repetir lo que otra persona nos dice, modificando un poco la frase sin perder la idea y aplicando algunas palabras en relación con el canal preferente. Es una técnica muy común para poder estar seguro de haber recibido la información correcta.

Antes de ahondar más en la técnica del parafraseo, queremos compartir un caso en el que el terapeuta ayuda a su paciente a encontrar por sí misma las fallas en su escucha.

Léelo con detenimiento, para que identifiques desde tu punto de vista en qué consiste la técnica.

Caso terapéutico

Olga es una paciente que viene a consulta para resolver los problemas de comunicación con su pareja. "Escuchémosla":

Olga: *Estoy muy enojada con mi esposo porque quedamos en que no invitaríamos a nadie a la casa sin antes ponernos de acuerdo.*

Terapeuta: *Me dices que ya te habías puesto de acuerdo con él acerca de las invitaciones, entonces ¿qué es lo que te causa este enojo?*

(Aquí el terapeuta da por hecho que seguramente el esposo invitó a alguien a su casa y no lo comentó con Olga. Puede parecer muy obvio, pero es preferible no adelantarse hasta que ella lo diga.)

Olga: *Me molestó que invitara a sus primos, ya te lo dije, no me había dicho nada y yo no estaba preparada.*

***Terapeuta**: No, no me habías dicho que invitó a sus primos, pero escucho ahora que esto es lo que te molesta.*

(Al llevar a cabo el parafraseo, Olga se da cuenta de que había omitido información.)

***Olga:** Sí, parece que no hubiéramos hablado antes del tema, esto me pasa continuamente con él: no me escucha o no quiere escucharme. Sin embargo, cuando le reclamo, él sólo me dice que está bien.*

***Terapeuta:** Al parecer no te sientes escuchada aunque ya hablaron sobre el tema.*

***Olga**: Sí, no me siento escuchada, y no sé que está pasando, pero esa situación genera mucho conflicto entre nosotros. De pronto me da flojera decirle algo que quiero porque ya sé que no me va a escuchar, y cuando lo hago, también sé que se va a enojar.*

***Terapeuta**: Me doy cuenta de que están teniendo problemas en la forma como se comunican. Parece que en ocasiones tú tampoco le dices algunas cosas ya que crees que no te va a escuchar o se va a enojar, así como él, y generas su enojo.*

(Con sólo parafrasear lo que dice Olga, ella poco a poco profundiza más y vislumbra cómo se genera el conflicto. Ahora que tiene más información, el terapeuta observa que ninguno de los dos se escucha, pues ambos hacen lo mismo. También Olga se percata de lo que sucede ya que únicamente se le ha reflejado, como en espejo, lo que dice.)

De esta forma, al parafrasear utilizando las mismas palabras de Olga, ella se sintió escuchada, sin percibir crítica ni confrontación y gradualmente cae en cuenta de su responsabilidad en el problema.

Como habrás observado, la técnica de parafrasear consiste en:

- Identificar la información que la otra parte envía sin emitir juicios.
- Utilizar frases a manera de pregunta, para confirmar si ése es el mensaje enviado.
- Si el mensaje es validado, continuar con la misma técnica. Si no es así, insistir con otras frases opcionales hasta estar seguro de haber recibido lo que la pareja quiso decir.

- Lograr que el emisor del mensaje exprese que se siente escuchado y validado en lo que dice.

¿Qué no es parafrasear?

- No es jugar al teléfono descompuesto.
- No es interpretar desde el punto de vista de quien escucha, ni adivinar sus verdaderas "intenciones o motivos".
- No es acordar, ni discordar.
- No es burla, ni crítica, ni juicio.

Ejemplo ilustrativo

Teresa: *Quiero contarte que la semana pasada fui a comer con una amiga y lo primero que me llamó la atención fue que llevaba un vestido azul con flores blancas; la tela del vestido era tipo seda, se veía delgada y muy fina.*

Federico: *Me comentas que fuiste con una amiga a comer la semana pasada y que te llamó la atención el vestido que llevaba, que era azul con flores blancas, de una tela tipo seda y se veía delgada y muy fina.*

Se detuvo la entrevista, para hacerle ver a Federico que no era necesario decir todo exactamente igual y que podía cambiar algunas de las palabras que había escuchado. Después de varios intentos, el parafraseo quedó así:

Federico: *Escucho que fuiste a comer con tu amiga y que lo que más te llamó la atención fue su vestido, incluso me describiste su color, la tela y sus dibujos.*

(Aquí Federico hizo el parafraseo utilizando palabras propias del canal de preferencia de Teresa: el visual.) Se continuó con la conversación.

Teresa: *Efectivamente, me llamó mucho la atención su vestido. Es que en verdad soy muy observadora de los detalles, incluso podría decirte cómo está acomodado el restaurante, qué tipo de adornos tiene y hasta los colores del mobiliario y las paredes. Pues bien, cuando entramos nos asignaron una mesa en una esquina y nos sentamos, teníamos una muy buena vista a la calle.*

***Federico**: Me dices que eres muy observadora, te fijas en muchos detalles y que les dieron mesa con vista a la calle.*

(Ahora el parafraseo fue corto, claro y utilizando las palabras adecuadas. Teresa comentó más adelante que se sintió escuchada y esto la ayudó a abrirse cada vez más.)

***Teresa**: Me gustó la mesa que nos dieron porque podíamos ver a la gente que pasaba; a mi amiga y a mí nos gusta observar que ya no existe una moda en especial sino cada persona se viste como quiere. Es interesante ver la infinidad de combinaciones que hace la gente, tanto de colores, como de telas y aditamentos. Es curioso ver los diferentes tipos de zapatos, en cualquier época del año se utilizan botas o sandalias. El hombre es más conservador, ¿verdad? En ellos no vimos tantas combinaciones, aunque los "chavos" tienen una forma muy especial de vestirse.*

***Federico:** Puedo darme cuenta de que te gusta observar los diferentes vestuarios de las personas y que descubres más combinaciones en las mujeres que en los hombres. En mi caso, te puedo decir que para mí es importante saber con qué ropa me veo bien y cuando una combinación me queda, la repito y la repito. Pero me doy cuenta de que no es así en las mujeres.*

(Este parafraseo logró no sólo que Teresa se sintiera escuchada, sino también entendida, con lo cual se abrió a entablar una conversación en la que ambos participaban.)

Ejercicio: "Parafraseo"

A continuación encontrarás una serie de oraciones. Escribe en las líneas debajo de cada una cómo podrías parafrasearla cambiándola un poco, pero procurando respetar el canal (auditivo, visual o cinestésico) que utilizó la persona.

Ejemplo

1. Quisiera hablar contigo de un tema que me es difícil tratar, pero que me hace ***sentir incómoda y hasta me provoca dolor de estómago.***

R. Si quieres hablar conmigo, está bien. Escucho que el tema que quieres tratar ***te hace sentir ciertas molestias físicas.***

Observa que se destaca lo que se percibe como el canal de preferencia, el cinestésico, y se repite la oración cambiando algunas palabras, como una forma de dar entrada al discurso y motivar a la persona a que continúe hablando.

Inicia tu práctica de parafraseo y modifica, acorta o cambia lo que escribas las veces que quieras.

1. Quisiera decirte que no me gusta que, cuando te hablo, tengo que repetir las cosas tres o cuatro veces hasta que me prestas atención. Esto hace que experimente una sensación de calor que invade todo mi cuerpo.

R. ____

____

____

____

3. El día que fuimos al cine con Alicia y Miguel, me comentaste que no te gustó lo que Miguel dijo de mi arreglo y después me sentí muy incómoda al estar cenando con ellos.

R. ____

____

____

____

4. Me pareció que el vestido que compré no fue de tu agrado, pues cuando te lo enseñé, no sólo no lo viste, sino que tampoco tocaste la calidad de la tela.

R. ____

____

____

____

5. Espero que estés disfrutando el día de campo. Hoy es un día muy soleado, se pueden ver las montañas de los alrededores y el colorido de las flores es impresionante.

R. ____

____

____

____

6. Hoy, en el trabajo, escuché que el jefe decía que me falta relajarme cuando estoy con un cliente; realmente no entiendo lo que quiere decir, yo me sentía muy bien y tranquila, incluso mi respiración era profunda y suave.

R. ____

____

____

____

7. Me ha dolido mucho la cabeza, me siento verdaderamente mal, ya no sé qué tomar.

R. ____

____

____

____

8. Cuando me visto por la mañana, siento que toda la ropa está rasposa, me molesta y tengo comezón en todo el cuerpo.

R. ____

____

____

____

9. No tengo dinero, hemos gastado mucho y veo que ni siquiera podemos disfrutar lo que compramos.

R. ____

____

____

____

10. En la lista de nuestros pendientes hay cosas que, para mí, no tienen sentido, como limpiar y acomodar el cajón de calcetines por colores, colocar los libros por tamaño o usar toallas de un solo modelo y color.

R. ____

____

____

____

Ahora analiza tus respuestas, observa lo que escribiste y determina si utilizaste palabras o frases parecidas. Si te es posible, graba tus respuestas y escúchalas como si tú fueras tu pareja: ¿cómo te sientes? ¿Los comentarios son validados con la respuesta? ¿Hay acusación, comentarios que no vienen al caso o "recetas" diferentes de lo que esperabas?

Una buena idea es realizar este ejercicio con tu pareja para que revisen juntos cómo se sienten con la técnica del parafraseo.

También puedes practicar con las diferentes personas con las que te relacionas, iniciando con las de más confianza. Observa qué sucede cuando respondes con parafraseo. Para que logres cada vez más destreza en los cambios que inicias, tendrás que observarte a fin de identificar cómo te impactan los comentarios de los otros o de tu pareja.

Ejemplo ilustrativo

Carmen nos comenta:

Hay ocasiones en que lo único que deseo es que mi esposo me escuche; no quiero que me dé consejos ni que me diga qué es lo que tengo que hacer, sólo necesito decirle cómo me estoy sintiendo. En un tiempo esto nos resultaba muy difícil porque cuando alguno de los dos sentía esta necesidad, desgraciadamente no lo expresábamos, sino que de inmediato empezábamos a dar algún consejo o queríamos hacerle ver al otro en qué parte tenía o no la razón. También procurábamos, a través de nuestra escucha, cuidar reacciones emocionales de tristeza o enojo, pero al final terminaba por ocurrir lo que intentábamos evitar.

Cuando identificamos el juego que teníamos y nos dimos cuenta de que sólo deseábamos ser escuchados, pudimos decirle al otro: "Quisiera comentarte algo que me está pasando y decirte cómo me siento, pero, por favor, sólo escúchame". De esta forma aprendimos a escuchar y a utilizar el parafraseo con las palabras y frases adecuadas al canal de preferencia del otro.

Expresar tus sentimientos

En el ejercicio anterior agregamos un paso más, la expresión de sentimientos. No es fácil hablar acerca de ellos, ni identificar cuál es el que en realidad surge en un momento determinado.

Culturalmente, hay que reconocer que ciertos sentimientos se promueven para la mujer y otros para el hombre.

Desde niño, al hombre se le enseña a no expresar sentimientos de tristeza con la frase tan conocida de "los hombres no lloran". El hombre debe demostrar fortaleza, no se puede permitir tener miedo, pero sí puede enojarse y expresarlo. La mujer, en cambio, sí puede sentirse triste, tener miedo, mostrarse amorosa y le es difícil manifestar su enojo.

Desde luego, esto tiene que ver no sólo con la influencia cultural, sino también con la familiar y la educativa. Lo que prevalece como un factor común es que a la mayoría de las personas nos es complicado reconocer las emociones genuinas y en muchas ocasiones las ocultamos con otros sentimientos o juicios que cancelan el sentir.

Cuando surge un sentimiento, invariablemente tiene una repercusión corporal, por más que hayamos intentado bloquearlo. De ahí la importancia de observar conscientemente nuestras sensaciones, porque a través de ellas podemos aclarar los sentimientos reales.

Cuando seamos capaces de comprender y validar nuestros sentimientos, estaremos listos para hacer lo mismo con los de otras personas, en especial con los de nuestra pareja. A esta reciprocidad emocional se le denomina "empatía".

Ejemplo ilustrativo

Al preguntar "¿Cómo sabes que tienes hambre?", de inmediato alguien puede responder, "¡Ahh!, porque siento un hueco en el estómago..." Con esta respuesta, es obvio que para quien contesta es así; no obstante, al escuchar las respuestas de otros, nos damos cuenta de que cada quien "siente el hambre" de distintas maneras: "A mí me duele la cabeza", "Yo siento como burbujas en el estómago", "Yo siento náuseas", "Yo empiezo a ponerme de malas". También hay quien dice: "Porque son las 3 de la tarde". Todos tenemos nuestro propio código, así que necesitamos conocerlo. Imagina que tú eres de las personas que cuando tiene hambre le dan náuseas; como ya te conoces, cuando alguien informa sentirlas, tú vas a pensar que tiene hambre y tal vez ni se te ocurra considerar que sufre una infección o que algo le cayó mal. Así como es importante para ti conocer tus sensaciones para reconocer una necesidad, también lo es que te des cuenta de que cada persona tiene su propia experiencia; entenderlo te brinda la oportunidad de aceptar que aun cuando para ti un comentario o situación no sea motivo de enojo, tal vez para tu pareja sí lo sea.

Practiquen juntos la expresión de sensaciones y de sentimientos. Cuando surjan, procuren reflejarlos únicamente, aunque ninguno de los dos entienda el porqué del sentimiento del otro, puesto que para quien lo expresa es una realidad.

No le digas: "No te enojes, no es para tanto". Recuerda que cada uno tiene su propia historia. Después, con el ejercicio de "El observador" que proponemos más adelante, tú y tu pareja lograrán identificar lo que una sensación puede provocarle a cada uno: molestia, tristeza, enojo o cualquier otra emoción.

Por consiguiente, nuestra conversación emocional requiere capacidad de escucha, empatía y comprensión de los sentimientos ocultos. En ocasiones, quien habla es capaz de expresar con total autenticidad lo que le sucede y quien escucha podrá aceptarlo o rechazarlo.

Por el contrario, quien habla puede tener dificultad para exponer sus sentimientos y quien escucha puede ser sensible o no al comentario que se le hace.

Ejemplos ilustrativos

Ella: ¿Es seguro manejar tan rápido? (No se atreve a expresar su miedo.)

Él (insensible): Si no te gusta, bájate y vete en un taxi.

Él (sensible): ¿Te sentirías más a gusto si bajo la velocidad?

Él: Me siento abrumado, necesito estar solo un rato. (Expresa genuinamente su sentir.)

Ella (rechaza): Nunca quieres estar conmigo.

Ella (acepta): Está bien. Mientras tanto escucharé mi música.

Hemos visto que cuando algunas personas comentan con su pareja lo que necesitan o cómo se sienten, generalmente lo hacen desde el enojo, la frustración, la tristeza o el dolor; en consecuencia, de antemano tienen una fuerte carga emotiva que implica que quien escucha se ponga a la defensiva y su conversación se enfoque en descubrir quién es el culpable de este malestar. De esta forma es imposible llegar a un acuerdo, dado que ninguno está dispuesto a ponerse en los zapatos del otro, ni están en una buena sintonía para poder hablar. Ponerse en la dimensión del otro y ver el problema desde su espacio, ayuda a comprender la situación y a asumir una posición diferente, por lo que será más fácil lograr una comunicación eficaz.

Ejemplo ilustrativo

En cierta ocasión Margarita nos comentó que en su casa siempre bromeaban; cuando alguno de los hijos hablaba sobre algún problema o una situación difícil, invariablemente alguien salía con una broma al respecto. (Después ella pudo identificar esta conducta, tan conocida y utilizada en su grupo familiar, como una "evasión".) Agregó que al inicio de la relación con su esposo, cuando éste le comunicaba alguna situación incómoda para él, ella de inmediato hacía una broma y se reía. Si bien en un principio él no decía nada, no tardó mucho en expresarle que su respuesta le dolía y lo que le sucedía no era motivo de broma ni de risa. A Margarita esto le causó mucha sorpresa pues no entendía qué era lo que pudiera haberle molestado y tuvo que hacer un verdadero esfuerzo para no hacer bromas ni reírse cuando él o alguien más le compartía algún problema.

Sin embargo, él pronto se dio cuenta de que la familia de su esposa utilizaba esta forma de comunicación, por lo que dejó de enojarse cuando en algunos momentos ella respondía de esta manera y él llegó a reír también. No obstante, el darse cuenta de su continua broma le ayudó a Margarita a no regresar a frases típicas de evasión.

"Nadie es responsable de tus sentimientos, tú eres el que decide darle el poder al otro para cambiar tu estado de ánimo."

Tal vez en un principio esta frase nos parezca sin sentido, ya que es muy común que atribuyamos a otros nuestro bienestar o los culpemos de nuestras desgracias ("Gracias a él soy feliz, gracias a ella estoy tranquilo, por culpa de ella estoy enojado"), incluso si no llevamos a cabo alguna acción que queremos es por el otro. Ahora contesta la siguiente pregunta: ¿No puedes ser feliz si no es por fulanito o zutanita? Si tu respuesta es que no puedes ser feliz si tu pareja no es de una u otra forma, entonces estás poniendo en manos de ésta el control de tu vida, lo cual significa que te encuentras a la deriva. Si, en cambio, te haces responsable de tu sentir, podrás aprender a relacionarte y a convivir de una forma más sana.

Sinceramente, cuando nos reconozcamos a nosotros mismos, nos aceptemos y nos valoremos tal como somos, podremos aceptar, reconocer y valorar a los demás.

Ejercicio: "El observador"

Cuando una conversación con la pareja no llega a un buen acuerdo o genera malestar, un buen ejercicio es ubicarse fuera de la situación y convertirse en un buen observador del proceso. Así es posible identificar qué fue lo que detonó el conflicto en la conversación.

Cuando nos referimos al observador, es importante que éste siga ciertos principios:

- No tomar partido por ninguna de las partes.
- No "engancharse" sentimentalmente.
- No juzgar.
- No criticar.
- Tener una posición de escucha abierta.
- Ser comprensivo.
- No intentar resolver a favor de alguna de las partes.
- Limitarse a observar lo que ya pasó.
- Comprender lo que escucha, aunque no lo justifique.

El ejercicio consiste en convertirte en un observador tanto de ti mismo como de tu pareja o de otra persona, y consta de los siguientes pasos:

1. Recuerda el evento que quieras revisar: trae a tu memoria la imagen de la persona con la que te encontrabas, cómo estaban colocados y qué expresaban.
2. Colócate en tu posición y expresa lo que hablaste. Imagina a la otra persona, observa la forma como te contestó, el tono de voz que usó, cómo moduló la voz, qué frases o palabras utilizó y continúa con la expresión tal como fue, sin dejar de escuchar conscientemente.
3. Colócate en la posición del otro(a). Escucha a la persona que está frente a ti, observa cómo habla, qué modulación de voz tiene, si levanta o no la voz, si usa o no palabras altisonantes. Date cuenta

de qué es lo que dice y cómo contesta. Mantén la conversación tal cual sucedió. Analiza cómo te sientes, cómo estás en estos momentos; no te critiques ni lo hagas con el otro, simplemente identifica tus sensaciones corporales y, si hay algún sentimiento, acéptalo.

4. Toma una tercera posición como observador de ambos. Recuerda los principios del observador e intenta ponerlos en práctica. En esta posición, imagina cómo habla cada uno, qué dicen, cómo se expresan, qué ademanes utilizan, cómo es el tono de su voz.

   Observa los cambios que van teniendo cada uno. Procura ser objetivo, dándote cuenta de cómo fue el proceso de comunicación cuando alguno de los dos dijo "tal cosa" y el otro empezó a subir la voz, utilizó frases descalificadoras o intentó protegerse. Recuerda, "no tomes partido", sólo observa.

5. Por último, es importante que asumas tu responsabilidad en esta conversación para que puedas tomar conciencia respecto a la forma en que te enganchaste o en que generaste el conflicto.

Este ejercicio lo pueden llevar a cabo cada uno por su lado y después compartir aquello de lo que se percataron, sin culpar al otro. La intención es que ambos asuman su responsabilidad en la interacción.

El proceso de comunicación es básico en la relación. Simplemente identifica el tiempo que dedicas a conversar, por escrito o verbalmente, en forma directa o indirecta, con tu pareja y reflexiona acerca del impacto de estas comunicaciones sobre su relación: llamadas telefónicas, correos electrónicos, mensajes por celular, acuerdos, manejo de conflictos, negociaciones, toma de decisiones, intercambio de anécdotas del día, entre otras.

En el siguiente capítulo profundizaremos en el manejo de conflictos. Las diferentes técnicas que hasta este momento hemos revisado te servirán de apoyo.

5. Conflictos: ¿Oportunidad o caos?

Somos tú y yo frente al problema;
no tú contra mí, ni yo contra ti.
Joseph Zinker

Podríamos definir el conflicto como una situación en la que debemos elegir entre caminos alternativos de acción; en la vida continuamente tenemos que tomar decisiones, algunas que se considerarían **triviales**, como escoger una u otra prenda para vestir en el día, y otras **importantes,** como optar por una carrera profesional o asumir una postura que requiera mediar en una situación especial de la interacción de pareja. Independientemente de la manera como lo manejemos, el conflicto se clasificaría en positivo o negativo, según el resultado y no el conflicto en sí mismo. Por consiguiente, el que obtengamos una u otra consecuencia dependerá de nosotros y de la estrategia que utilicemos.

El conflicto puede suscitarse con uno mismo (internamente) o con otros (externamente). El conflicto interno es originado por pensamientos, creencias o intereses personales que de pronto cuestionamos porque ya no tienen sentido en el momento de vida presente de cada uno. Esto es, se desata una lucha interna entre lo que creíamos y lo que ahora percibimos o sentimos. Por otro lado, un conflicto externo surge cuando nos sentimos cuestionados por alguien más respecto a nuestra forma de pensar, de actuar o de valorar las circunstancias de la vida. Los conflictos de la pareja son externos, puesto que invariablemente se derivan de una interdependencia constante y, por tanto, se vuelven inevitables. Expresado de otra forma, nos atreveríamos a afirmar que si no existiera la relación, seguramente tampoco habría conflictos.

En la frase inicial de este capítulo, Joseph Zinker propone mirar el problema como algo que tenemos que resolver entre ambos y no como una lucha interna donde alguno de los dos tiene que vencer. Cuando logremos evitar el sentirnos atacados, podremos apreciar que la otra persona no está en contra nuestra, sino que tal vez sólo tiene un punto de vista diferente. Visto de esta manera, cuando algunas personas expresan que están haciendo todo lo necesario para evitar los conflictos, en realidad los incrementan con un añadido de desgaste emocional innecesario.

Aunque a la palabra conflicto suele asignársele connotaciones de choque, combate, lucha o pugna, éstas pueden enfocarse a roces constructivos de los que surjan opciones creativas, o a roces destructivos donde forzosamente intentemos que nuestra postura prevalezca.

Por lo que hemos expuesto hasta ahora, muy probablemente ya lograste intuir que los conflictos pueden ser favorables y positivos y que gracias a ellos podemos aprender opciones diferentes, superarnos al obligarnos a investigar más sobre un asunto específico, y crecer personalmente al manifestar humildad y reconocer que no somos dueños de todas las verdades.

Experiencia vivencial

Al inicio de mi relación con mi esposo, si surgía alguna diferencia, hablábamos sobre ella y escuchábamos los puntos de vista de cada uno para llegar a un acuerdo como pareja. Nunca sentí que tener un conflicto con él pudiera ser motivo de separación; por el contrario, era una oportunidad de conocernos mejor y de hablar, hablar y hablar para resolver lo que hacía falta. No dejábamos que aumentaran nuestras diferencias y difícilmente guardábamos resentimientos; en ocasiones alguno de los dos cedía o mediábamos la situación. Simplemente respetábamos y entendíamos nuestras diferencias, con la conciencia y el interés de mantener nuestra relación y de querer seguir juntos.

Al paso del tiempo empezamos a perder espontaneidad y, por lo menos yo, introduje en nuestra relación los patrones aprendidos en casa: cuando mis padres no estaban de acuerdo conmigo, me enojaba, me encerraba en mí misma y en ocasiones me sometía quedándome resentida; otras veces me rebelaba y hacía lo que yo quería, con lo cual aumentaba el conflicto. No recuerdo que pudiésemos llegar a un convenio y mediar entre lo que ellos decían y lo que yo quería. Ahora, con el paso del tiempo y analizando mi historia, me doy cuenta de que en mi época de noviazgo viví una situación muy diferente de la de mi casa, pero los patrones familiares eran tan fuertes que influyeron rápidamente en nuestro matrimonio sin que tuviera plena conciencia de ello.

Seguramente tu experiencia es distinta; sin embargo, tal vez puedas reflexionar sobre cómo has manejado las diferencias con los demás y cómo reaccionas frente a alguien que tiene un punto de vista contrario al tuyo.

Muchos de nosotros no sabemos manejar el conflicto; no tuvimos la oportunidad de desarrollar habilidades para ello, ya que esto no sólo no se enseña formalmente en las escuelas, sino que según las características culturales y el estilo de cada familia, éste se evita, se castiga o se niega. Comúnmente, como ya expresamos, calificamos al conflicto como malo, pensamos que enfría la relación, que deja resentimiento, que invariablemente alguno de los dos pierde –¡como si estuviéramos en un campo de batalla donde uno debe pasar sobre el otro!–, que propicia gritos y, en muchas ocasiones, faltas de respeto, y que la consecuencia será acumular malestar por la situación.

Experiencia vivencial

Desde muy pequeña aprendí a tener contentos a los adultos que me rodeaban, comportándome como una niña buena y que aceptaba todo, aunque no cubriera mis necesidades. Mi papá nos abandonó y vinimos al Distrito Federal a vivir a casa de mis abuelos. A pesar de tener sólo seis años, constantemente me preguntaba si había tenido algo que ver con la separación de mis padres. Ya en la Ciudad de México, cuando jugaba con mis hermanos y nos enojábamos –como sucede en cualquier interacción entre niños–, mi mamá se asustaba y nos amenazaba con irse si no parábamos nuestro conflicto. Ahí iniciaba todo un rito en el que sacaba su maleta, guardaba en ella su ropa, bajaba las escaleras y abría la puerta para irse. De inmediato mis hermanos y yo bajábamos detrás de ella pidiéndole perdón y suplicándole que no se fuera. Ella regresaba y advertía que la próxima vez sería definitiva. Estos ritos se repitieron en varias ocasiones. Hoy sé que mamá nunca nos hubiera abandonado (nos amaba y nos ama demasiado); en realidad, se asustaba y aquélla era su manera de manejar esas situaciones. Por mi parte, de esas experiencias aprendí a suponer que todo conflicto conllevaba la posibilidad de un abandono.

En mis relaciones de pareja significativas este aprendizaje fue determinante, pues desde mi incapacidad de expresar abiertamente mis descontentos y mis discrepancias, lo que al final originaba era que sucediera lo que tanto temía: el abandono.

Existe un buen número de casos como éste debido a que los conflictos no se enfrentan ni se aclaran. Sería interesante que un tema cubierto en nuestra educación tuviera que ver precisamente con el manejo adecuado de los conflictos, pero, más bien, muchos repetimos la cadena de conductas aprendidas, no sólo desde lo familiar, sino también desde lo cultural. Nuestros abuelos no sabían cómo manejarlos; por ende, tampoco nuestros padres ni nosotros; entonces, ¿qué ocurrirá con nuestros hijos? ¿Deseamos seguir en lo mismo o empezar a aprender a resolverlos de una manera más sana, sin esconderlos ni pretender vivir como si no pasara nada y todo estuviera muy bien o explotando de manera irracional?

Ventajas y desventajas derivadas del manejo del conflicto

Los seres humanos estamos en continuo movimiento pero, por supuesto, preferimos permanecer en el terreno de lo ya conocido. De ahí que cuando se nos plantea una forma o una opción distinta de la nuestra, aunque pudiera parecernos interesante, puede provocarnos temor, desconcertarnos e incluso enojarnos. Cuando esto sucede, nos bloqueamos, no queremos ver, oír, ni hablar. Si lográramos hacer una introspección, revisar otros enfoques y considerar si tienen sentido o no, el conflicto adquiriría un valor positivo, ya que apreciaríamos que gracias a él podemos ampliar nuestra visión ante la vida. Además, mediante un análisis de la experiencia, identificaríamos estrategias para un mejor manejo posterior de situaciones similares. Por tanto, dependerá de cómo se maneje un conflicto, el que se perciban, a consecuencia del mismo, ventajas o desventajas.

Las ventajas surgen de la oportunidad para buscar nuevos enfoques: una confrontación con ideas opuestas puede ayudarnos a generar ideas nuevas y aclarar nuestros propios puntos de vista. Por otra parte, un conflicto manejado de manera incorrecta provocará desventajas, como distanciamiento entre las personas involucradas, sentimientos de frustración y de enojo e incluso rechazo invariable a las ideas de tu pareja y a su propia persona. Y, como ya vimos, esto incrementa el conflicto a tal magnitud que lo vuelve cada vez menos manejable, por la absurda creencia de que la discrepancia es un ataque personal.

Ejemplo ilustrativo

Leticia nos comentó lo siguiente:

En mi caso, si mi papá me llamaba la atención yo sentía que ya no me quería; si alguien no estaba de acuerdo conmigo, concluía que no le gustaba mi forma de ser. Así aprendí a relacionarme.

En una ocasión llegué como invitada a casa de una amiga extranjera, cuyo trato me pareció muy frío hasta que pude apreciar la diferencia en el comportamiento de ambas. Ella fue amable conmigo, me explicó la dinámica de la casa y después de estar un rato juntas, me dijo que tenía varias cosas qué hacer y que nos veríamos en una hora para salir a comer; durante la comida cada una ordenó sus platillos a su gusto y acordamos lo que haríamos al día siguiente. Cuando le solicité que me comunicara con la persona con quien había quedado de presentarme, simplemente le llamó, le dijo que yo estaba ahí y me pasó el auricular sin más comentarios al respecto. Después de unos meses, ella vino a mi casa. Yo dejé de lado varios pendientes para poder atenderla; en una de las ocasiones en que comimos juntas insistí en ofrecerle que probara otros alimentos, hasta que ella me dijo: "Gracias, pero no intentes forzarme, ya no quiero comer más". Para mí, esa respuesta fue muy clara y gracias a ello, pude percatarme de que la estaba presionando y de que mi comportamiento era una repetición del de mi familia: cuando alguien llega a casa, le ofrecemos todo lo que tenemos –no una, sino cuatro o cinco veces– sin permitir que el invitado o invitada decida por sí mismo(a).

La experiencia me ayudó a identificar que existen diferentes formas de demostrar hospitalidad y a reflexionar sobre mi posible reacción. Si mi espo-

so hubiera respondido con la misma firmeza y claridad de mi amiga, tal vez yo lo hubiera tomado como una agresión.

Aprendí a reconocer que, en verdad, la otra persona ya no apetecía algo más y se sentía incómoda ante mi insistencia, aunque ello no significaba que no me apreciara o no me aceptara.

Leticia pudo aprender que lo que ella consideraba comentarios agresivos por parte de su amiga, no eran más que respuestas asertivas para poner límites. Su apertura le aportó una ventaja importante, dado que percibió de manera distinta lo que antes le parecía desagradable y lo trasladó a su relación de pareja con una comprensión más amplia de posibles expresiones por parte de su esposo.

Necesitamos recapacitar sobre cuán imprescindible es ser honestos con nosotros mismos y reconocer nuestra corresponsabilidad en cada situación, en la generación de conflictos innecesarios o su manejo inadecuado. Así reduciremos la tendencia a culpar a nuestra pareja de lo que sucede en la relación.

Cuando alguno de nuestros pacientes se queja permanentemente de que, a pesar de haberle comunicado a su pareja lo que no le parece, ésta repite la misma conducta, le sugerimos que recapacite sobre la manera en que se lo ha expresado, ya que al parecer ésta sólo ha provocado resultados insatisfactorios. Por el contrario, cuando la pareja ha exteriorizado de varias formas algo que le afecta y nuestro paciente continúa con el mismo comportamiento, la petición es que reflexione sobre su escucha. Ambas acciones, hablar y escuchar, puntos importantes de comunicación, retoman un peso vital en la generación de ventajas o desventajas en el manejo de los conflictos. El asunto es responsabilizarnos de ellas.

Caso terapéutico

Aurora tenía un conflicto con su pareja: sentía que él no la escuchaba y siempre la devaluaba con sus comentarios.

Aurora: *Ayer tuve un día difícil, mi jefe me llamó la atención por llegar tarde. Al volver a casa lo platiqué con Fernando; necesitaba desahogarme, pero,* *como siempre, Fernando no me estaba escuchando. Obviamente me molesté y le pedí que me atendiera; él me dijo que mi jefe tenía razón, que ya se me había hecho costumbre levantarme tarde, corriendo, por lo que nunca llegaba a tiempo.*

(El terapeuta le solicitó que comentara un poco más sobre la situación e hicieran el ejercicio de las sillas vacías, en el cual él representaría a Fernando y sólo repetiría las frases que éste dijo. Después de colocarse en las sillas frente a frente, se inició el diálogo.)

Aurora*: Estoy muy enojada, mi jefe me llamó la atención porque llegué un poco tarde al trabajo y todo el día estuvo molesto conmigo.*

Terapeuta *(Fernando): Un poco tarde.*

Aurora*: Tú eres peor. Lo que dije es que estoy muy enojada, pero nunca me escuchas, te la pasas haciendo tus tonterías y no me pones atención.*

Terapeuta *(Fernando): No son tonterías; además, él tiene razón de molestarse, tú siempre te levantas tarde y por eso llegas tarde al trabajo.*

(El terapeuta detuvo el ejercicio y le explicó a Aurora cómo se había sentido "en la silla de Fernando". Su sensación fue de enojo y descalificación, porque no se sentía escuchado ni apreciaba interés sobre cómo había sido su día.)

En el ejemplo observamos que en repetidas ocasiones ambas personas sienten exactamente lo mismo en relación con su pareja y que ninguno de los dos se da cuenta de lo que está haciendo, ambos se sienten víctimas y se culpan mutuamente.

En los libros que aleccionan sobre cómo hablarles a los niños y cómo llamarles la atención, continuamente se señala que, sin advertirlo, devaluamos a los hijos, criticándolos, diciéndoles por ejemplo: "Eres un cochino, no puedes sentarte así a la mesa". De esta manera los enjuiciamos. Lo más conveniente para evitar la descalificación es decir: "Lávate las manos, están sucias y ya vamos a comer". Aunque no nos percatemos y no sea nuestra intención, con frecuencia utilizamos este tipo de lenguaje también con nuestra pareja cuando queremos hablar de un problema, con lo que lo descalificamos y generamos conflicto en la relación.

Centrarnos en los intereses de ambos brinda una visión más integral de la situación, dado que descartamos la idea tan arraigada de "Tienes que ser a mi manera: yo estoy bien, tú estás mal".

Caso terapéutico

Una pareja en consulta planteaba el problema de que todos los fines de semana tenían que ir a casa de los papás de ambos; ella se enojaba porque no tenía ganas de ir con la familia de él, y él reaccionaba igual porque tampoco quería ir a casa de la familia de ella. Ambos argumentaban que "a su pareja ya no le gustaba que estuvieran a solas". Señalaban que los fines de semana peleaban continuamente y querían descansar de vez en cuando, pero que ninguno escuchaba ni quería ceder en dejar de ver a su familia y sólo planteaba su necesidad de no ver a la del otro.

Se les propuso dialogar con las reglas descritas en el capítulo 4, "El reto de la comunicación", y, una vez que respondieron a los cinco primeros incisos del ejercicio "Un buen manejo del conflicto", mismo que veremos más adelante, pudieron descifrar lo que les sucedía:

***Ella:** Lo que me ocurre realmente es que quisiera tener un espacio para ir solos a algún lugar, o quedarme en casa un fin de semana, sin hacer nada.*

***Él:** A mí me gustaría lo mismo.*

***Ella:** En ocasiones no quiero ir ni con mi familia, pero no sé cómo decirles.*

***Él:** Bueno, si tú decides ir con tu familia, ¿por qué yo no podría ir con la mía?*

***Ella:** Es que no sé cómo decirles a mis papás que no vamos a ir a verlos porque inmediatamente se enojan conmigo. Entonces, lo que hago es pedirte que no vayamos con tu familia.*

A través de este ejercicio pudieron aclarar que no era que ya no se quisieran o no les gustara estar uno con el otro, sino que necesitaban construir su propio espacio y aprender a poner límites en relación con sus respectivas familias.

Al aclarar la situación, de inmediato se les abrió un abanico de opciones; los dos estaban más relajados al entender que el problema no radicaba en si se querían o no, sino en poder manejar nuevas reglas para su relación de pareja y su convivencia familiar. Fue interesante que pudieran escucharse pues, a partir de ahí, llegaron también a acuerdos explícitos en relación con los amigos de ambos.

En su libro *El poder de la intención,* Wayne Dyer afirma: "El sufrimiento empieza cuando se terminan las opciones". Cuando nos damos la oportunidad de compartir, de llevar a cabo una lluvia de ideas y expresar una diversidad de opciones, ampliamos nuestra percepción y encontramos posibilidades de solución que no habíamos identificado anteriormente, las cuales permiten la elección y fortalecen la relación con nuestra pareja.

Cuando confundimos la índole del conflicto

Los desacuerdos pueden ser **evidentes** (diferencias acerca del tema, del objetivo a tratar) o **emocionales** (surgidos de los roces entre los integrantes de la pareja). La distinción entre estos dos tipos de desacuerdos es importante porque los primeros requieren negociación y solución de problemas, mientras que los emocionales demandan la reestructuración de las percepciones de cada persona y el examen de los sentimientos.

Los desacuerdos evidentes son todos los que se pueden mirar o palpar, por ejemplo, los referentes a dónde ir en vacaciones, a qué restaurante ir a comer el domingo, si se compra o se renta casa, quiénes realizan el quehacer del hogar, si el dinero que ambos generen se concentra en un fondo común, si el horario de trabajo está dañando a la relación, etcétera.

Por otro lado, los desacuerdos emocionales son aquellos que afectan fuertemente el sentir de una o ambas partes de la pareja e incluyen emociones fuertes, como resentimientos, frustración, apatía, entre otras. La disposición de los dos es determinante para que se resuelvan favorablemente.

En ocasiones sucede que un desacuerdo de un tipo se resuelve con el de otro tipo. En su libro *El arte de amargarse la vida,* Paul Watzlawick comparte un ejemplo muy simpático: durante la hora de la comida, ella le pregunta a él si le ha gustado la sopa, a lo que él responde con la verdad: "No". En ese momento, en lugar de que ella se exprese con algún comentario como: "Lo lamento, a mí me agradó muchísimo; en un momento, cuando termine de comer la mía, te sirvo lo demás", ella contesta en tono molesto: "¿Y para eso me pasé toda la mañana preparando algo que hasta ayer era tu deleite? Creo que lo estás haciendo adrede únicamente para fastidiarme". Acto seguido, él se engancha en el juego y responde: "Tienes razón, todo lo hago para molestarte, lo que no entiendo es que si así he sido siempre, ¿para qué te casaste conmigo?" Entonces ella contesta: "Ya me lo decía mi madre, pero no le hice caso".

En el párrafo anterior apreciamos con claridad cómo un problema tan sencillo que se hubiera resuelto con un "Gracias, mi amor, la sopa está deliciosa, pero no apetezco más por ahora" por parte de él, o con un "Lo siento, amor, a mí me agradó, ¿te ocurre algo?" por parte de ella, culmina en un serio conflicto donde la estructura de la relación queda muy dañada. Esto en especial porque utilizaron ingredientes personales, como una autoestima lastimada, una lucha de poder o sentimientos no expresados.

Cuando los desacuerdos no se manejan constructivamente, las competencias internas pueden conducir a amargas peleas por el poder, expresando emociones negativas y comportamientos vengativos que hacen que no se preste la debida atención a la situación y no se aplique el empeño necesario para la búsqueda de un acuerdo.

Técnicas para resolver los desacuerdos

1. Solucionar el problema

Esta técnica es útil cuando ambos están conscientes de que algo que les está afectando es evidente y fácilmente identificable, y los dos deben actuar en conjunto para enfrentar el problema y no reprochárselo mutuamente. Algunos problemas pueden ser tan sencillos como la llegada imprevista de unos amigos a la casa, la ruptura de una cañería en el hogar o el pago de un adeudo después de tiempo, o tan complejos como una enfermedad, la llegada de un pariente a vivir en la casa, el vencimiento de una hipoteca, etcétera. En el cuadro 5.1 presentamos los pasos que les ayudarán a ti y a tu pareja a darle un orden a la revisión de cada asunto.

Cuadro 5.1 Orden al analizar cada problema

Pasos	*Acciones*
1. Expongan el problema en términos específicos y claros para ambos.	• Identifiquen el problema usando ejemplos. • Describan las consecuencias del problema. • Eviten generalidades como "siempre" o "nunca". • Traten con hechos, no con opiniones. • Eliminen los ataques personales. • Usen el pronombre *nosotros* en lugar del pronombre *tú* cuando describan el problema.
2. Escuchen el punto de vista de cada uno.	• Pregunten cuáles son las ideas y los sentimientos de su pareja antes de expresar los propios. • Identifiquen si los dos entienden el problema de la misma manera. • Expongan su preocupación y expresen su nivel de disposición para establecer un marco común.
3. Busquen opciones de solución.	• Expresen todas las ideas que surjan, sin criticar ninguna. • Clasifiquen sus opciones. • Identifiquen el beneficio que aportaría cada clasificación.

4. Decidan.	• Por consenso (que ambos estén de acuerdo). • Por sorteo (al azar).
5. Actúen.	• Lleven a cabo lo acordado.

Es importante utilizar técnicas que separen el problema de las personas y se basen en patrones justos e independientes de la voluntad de cada uno. Para ello, necesitamos recordar la importancia de:

- Centrarnos en los intereses, no en las posturas; es decir, preguntarnos ¿qué nos inquieta genuinamente?
- Generar una variedad de alternativas de beneficio mutuo.
- Insistir en que los resultados se basen en prácticas probadas que ofrezcan experiencias positivas para ambas partes.

2. Negociar

La negociación se utiliza cuando cada integrante de la pareja plantea una necesidad o un requerimiento opuesto al del otro, desde situaciones tan comunes como que ella desea ir el domingo de compras y pide que él la acompañe porque van a comprar un refrigerador nuevo, pero él no quiere perderse el partido de fútbol Chivas-América, hasta otras fundamentales, como si alguno de los dos quiere tener o no un hijo.

Para que esta técnica funcione es preciso que:

- Ambos partan de posturas similares.
- Cada quien tenga cierta fuerza de disuasión respecto al otro.
- En los dos exista cierta voluntad de ceder en exigencias.
- Se considere, en principio, más útil el acuerdo que la ruptura.

Lo anterior tiene como resultados los siguientes:

- Ahorra tiempo.
- Clarifica el verdadero estado de una situación.
- Es un motor de avance.

Cuando elegimos la opción de negociar, es importante que consideremos algunas conductas y objetivos que influyen en ese proceso:

- Contar con información clara, necesaria y pertinente sobre las necesidades de ambas partes.
- Intentar tender puentes, minimizar las diferencias, buscar consensos de los que no resulten ni vencedores ni vencidos.
- No manipular ni querer llevar el resultado hacia intereses personales.
- Enfocarse a conseguir un acuerdo satisfactorio para ambos.
- Visualizar el futuro como un conjunto de posibles formas de actuar, con diferentes escenarios, y desde allí regresar al presente.
- Dar rienda suelta a la imaginación, con miras a generar ideas innovadoras.

3. Reestructurar la relación

Esta opción sólo es posible a través de un diálogo interpersonal, desde una postura de reciprocidad en la que prevalezcan el respeto, la confianza y la motivación, así como la disposición a aceptar, con tolerancia, tanto diferencias individuales como puntos de vista distintos.

La reestructuración es la técnica más compleja de las tres porque parte de un conflicto generado por malos entendidos, emociones surgidas al intentar resolver un problema o manejar una negociación, temores ocultos, resentimientos por alguna acción que lastimó a la pareja, supuestos de actuación frustrados, entre otros.

En su libro *Cuando digo NO, me siento culpable,* Manuel J. Smith, terapeuta integrador y promotor de las técnicas asertivas verbales, resume este tema con una frase que contiene mucha fuerza y verdad: "El mayor obstáculo que se opone a la solución de nuestros conflictos en la convivencia con otra persona, surge cuando nosotros interferimos en la decisión de esa persona, cuando manipulamos sistemáticamente los deseos y necesidades de nuestro prójimo, haciendo que se sienta ansiosamente amenazado, culpable o ignorante".

Y continúa: "Si advertimos que, en un conflicto dado, en particular en un conflicto con una persona querida, no conseguimos dar con la solución, vale la pena que tratemos de afirmar asertivamente nuestros deseos en lugar de pisotear la dignidad y el respeto de sí mismo del otro, y luego ver qué ocurre".

Cuando los integrantes de la pareja se permiten discutir cara a cara y de modo directo su desacuerdo, explorar las necesidades o las fuerzas en juego y expresar con sinceridad los sentimientos que se han generado, aumentan la autenticidad de su relación y el sentido de integridad personal, por lo que pueden, con mayor facilidad, idear la manera de encontrar soluciones.

Algunas sugerencias son:

- Buscar un espacio adecuado, libre de interrupciones.
- Sentarse frente a frente, mirándose a los ojos y, de preferencia, tomados de las manos.
- Describir la situación en primera persona, es decir, desde donde cada uno se siente y los efectos que ello le ha ocasionado.
- Compartir los sentimientos que lo anterior ha generado.
- Solicitar o proponer una solución.
- Escuchar con empatía, cariño y con la mejor intención de aportar elementos para superar esa situación.
- Pedir perdón cuando se requiera y desde una postura genuina.
- Acordar acciones.
- Expresar el compromiso.

- Asegurarse de llevar a cabo aquello a lo que se hayan comprometido para rescatar la credibilidad.

El siguiente ejercicio te ayudará a reconocer el nivel de presión que ejerces sobre tu pareja, hasta qué punto no le gusta a uno lo que comunica el otro, y si tu pareja toma los asuntos de forma personal y reacciona con tristeza, enojo o suponiendo que tú ya no sientes cariño o agrado por él (ella). También puedes observar cómo contestas y verificar si tus reacciones generan mayor conflicto en vez de solucionarlo.

Ejercicio: "Un buen manejo del conflicto"

Lleva a cabo este ejercicio junto con tu pareja. Utilicen las herramientas que vieron en el capítulo 4, "El reto de la comunicación". Piensen en un conflicto que tengan actualmente y que quieran solucionar.

Cada uno escribirá, de manera independiente, lo que se les solicita en los primeros cinco incisos. Esto les ayudará a concretar y a entender desde dónde están viendo y viviendo la situación.

1. Define cuál es el problema y escríbelo en las siguientes líneas:

____

____

____

2. Identifica las causas que lo generaron, tanto de tu parte como de parte de tu pareja. Pon especial énfasis en identificar por escrito cómo es que tú causaste el problema.

   Anota tus reflexiones:

Yo	*Mi pareja*
______________________	______________________
______________________	______________________
______________________	______________________

No dejes fuera aquello que consideres parte de tu corresponsabilidad.

3. Escribe las barreras que pienses que existen o pudieran existir para la resolución del problema, tanto de tu parte como de parte de tu pareja:

Yo	*Mi pareja*
____________________	____________________
____________________	____________________
____________________	____________________

4. Regresa a definir el problema y exponlo en términos específicos y de conducta. Antes de exponerlo, toma en cuenta los siguientes puntos:

   - Habla del problema utilizando ejemplos de situaciones reales que han vivido últimamente.
   - Describe las consecuencias del mismo.
   - Evita generalidades como "siempre" o "nunca".
   - Describe los hechos, no uses opiniones ni interpretaciones.
   - Evita ataques personales.
   - Utiliza la palabra "nosotros" o "yo" si es el caso, y evita utilizar la palabra "tú".

Ejemplo

Quedamos en vernos a las tres de la tarde en un restaurante para comer juntos, pero mi pareja llegó hora y media después del horario convenido. Me sentía incómodo al estar esperando pues había mucha gente y los meseros continuamente me preguntaban si ya quería ordenar, requerían la mesa. Además, yo tenía una cita a las 5:30 y ya no iba a comer tranquilo.

Estaba realmente muy enojado y cuando ella llegó, de inmediato le reclamé, me levanté y me fui. No le pregunté el porqué de su tardanza, ni le di oportunidad de hablar.

Define tu problema:

____

____

____

____

____

____

5. Escribe el impacto que, en tu opinión, ha tenido ese problema en su relación. Toma en cuenta los siguientes puntos:
   - Revisa cómo y cuándo inició el problema.
   - Describe detalladamente los conflictos adicionales generados por el mismo.
   - Señala el impacto que ha tenido en tu estado emocional.

____

____

____

____

____

____

Hasta este momento, ambos se han enfocado en revisar, desde su experiencia personal, lo que está sucediendo entre ustedes. A partir del inciso siguiente tendrán la oportunidad de compartir su enfoque personal, para decidir desde ahí qué tipo de tratamiento querrán darle a la situación: resolución del problema, negociación o reestructuración de la relación. Es muy probable que necesiten utilizar las tres técnicas de manera indistinta conforme el momento lo requiera.

6. Compartan lo que cada uno escribió en los puntos 1 al 5 y atiendan los puntos de vista de ambos. Al escuchar, tomen en cuenta los siguientes puntos:
   - Pregúntense cuáles son las ideas y los sentimientos que cada uno tiene en relación con el conflicto.
   - Intenten descubrir otras dudas o elementos adicionales preguntando: "¿Qué más quieres decirme?".
   - Utilicen el parafraseo para comprobar si ambos entienden el problema de la misma manera.

Es importante que cada uno conozca la preocupación que tiene el otro por encontrar una solución a la situación y la disposición que existe por parte de ambos para establecer un acuerdo benéfico y mutuo.

7. En las siguientes líneas, propongan juntos diferentes acciones que pueden llevar a cabo. Es importante ser flexibles al planificar las acciones. No cuestionen ni critiquen ninguna, sólo anoten.

____

____

____

____

____

____

8. Comenten los beneficios que, para la relación, tendría cada una de las acciones que proponen. Esto también ayuda a pensar en propuestas alternativas. Elijan y anótalas.

____

____

____

9. Al tener claras las acciones que van a seguir, continúen con los compromisos por parte de cada uno para llevar a cabo cada acción; si es necesario fijar tiempos, definir acuerdos recíprocos o pensar en consecuencias, éste es el momento de hacerlo. Escribe sus compromisos en las siguientes líneas:

Yo	***Mi pareja***	***Ambos***
1.	1.	1.
2.	2.	2.
3.	3.	3.
4.	4.	4.

10. Establecer un plan de seguimiento es benéfico para la pareja: ayuda a corroborar si las acciones que se tomaron son las adecuadas y sirven para apoyar los pasos que cada uno está dando, o modificar las acciones, de ser necesario. Escribe las propuestas para evaluar la solución al conflicto especificando los tiempos para revisar los avances, si esto es aplicable.

Propuesta	***Tiempo (si es el caso)***	***Responsable***

11. Compartan ahora lo que piensan y sienten respecto a este ejercicio. Además de haber ayudado a resolver una situación concreta, será importante adoptar las técnicas para ejercerlas cuando sea necesario; es decir, capitalizar la experiencia e integrarla como un hábito nuevo en su interacción.

A lo largo del ejercicio seguramente pudieron diferenciar el conflicto, discernir si había un problema que requería solución, identificar posturas para posibles negociaciones y mantener un interés honesto y genuino para que la relación saliera lo menos dañada posible; esto gracias a un intercambio de emociones y de una dosis significativa de empatía, comprensión y disposición.

La dificultad de decir no

Al momento de acordar y de proponer soluciones, una de las mayores dificultades que surgen es la de decir **no** y, por ende, la de poner límites. En nuestra sociedad todos solicitamos y demandamos de los demás, pero cuando somos los afectados y no sabemos poner límites o decir **no** ante una petición, empezamos a perder el control de nuestra vida y se lo adjudicamos a otros; distorsionamos nuestra identidad; nos saturamos de compromisos con los que tal vez no estemos de acuerdo; hacemos lo que no nos corresponde (la chamba del otro), y nos distraemos de lo que realmente sí queremos conseguir.

Además, como sucede en otros casos, surgen el enojo y el resentimiento al sentirnos explotados y usados por otros, se rompe la comunicación y cada vez más nos sentimos víctimas de las circunstancias... Todo esto ocurre únicamente por no saber poner límites, por no poder decir *no*, por no querer "tener conflictos", cuando en realidad lo que hacemos es generar un problema que va creciendo, que dificulta la relación sana de la pareja.

No saber decir *no*, más que un disparador de conflictos, es lo que los mantiene e incluso los exacerba.

Una de las capacidades más importantes para relacionarnos es la de reconocernos como personas independientes, con diferentes experiencias, aprendizajes, habilidades, pensamientos e intereses. Para mantener la armonía con nuestra pareja, hemos de estar conscientes de que ambos somos distintos y, por lo mismo, aceptarnos y respetarnos; aprender que las diferencias pueden enriquecernos en lugar de sorprendernos, y ayudar a formar un nuevo patrón en donde esté claro lo que cada uno quiere de la relación y lo que se requiere para alimentarla.

Como resumen, para un buen manejo del conflicto es necesario:

- Clarificar y concretar las discrepancias.
- Observar qué comentarios o qué conductas provocaron que surgieran dichas discrepancias (con sinceridad).
- No juzgar, criticar ni utilizar palabras ofensivas.
- Escuchar sin interrumpir.
- No defendernos, ni contraatacar.
- No manipular.
- No hacer comparaciones.
- Hablar de nuestros sentimientos, sin culpar al otro.
- Responsabilizarnos de lo que cada uno provocó.
- Poner al frente los diferentes puntos de vista, las posibles opciones y lo que cada uno cree que sería benéfico para ambos.
- Llegar a acuerdos, dentro de lo posible.

Cuando abrimos nuestro corazón y en verdad nos interesa mantenernos juntos, por supuesto que podemos hacer cualquier movimiento y cualquier cambio para beneficio propio, de la pareja y de la relación. Hay que recordar que ambos estamos enfrentando juntos un problema, no enfrentándonos uno al otro.

Otro tema que puede generar conflicto es la sexualidad. En nuestra experiencia, son pocas las parejas que hablan abiertamente de ella, puesto que su abordaje u ocultamiento remite a los aprendizajes y creencias que al respecto tiene cada uno de sus integrantes. En el siguiente capítulo ahondaremos en este tema.

6. Una vida sexual plena

La gramática de la pasión: dos primeras personas del singular
se convierten en una primera persona del plural.
No hay manera de que pueda conocer mi máximo éxtasis sexual
si no es entrando profundamente en otro ser.
Anónimo

Por: maestro Víctor Manuel Oseguera Jurado

Sexualidad y gozo

La desviación

En términos del conocimiento de los mecanismos físicos propios del funcionamiento sexual, es muy posible que estemos viviendo en la era más "ilustrada". Es un hecho que dominamos casi a la perfección los engranajes de nuestra maquinaria sexual. Hoy, más que nunca, conocemos todos los circuitos que actúan a diferentes niveles en el organismo mientras éste desarrolla una actividad sexual. Sabemos cómo funciona y qué sucede en nuestro sistema nervioso; la acción de varios de los neurotransmisores implicados; cómo y cuánto reacciona nuestro sistema cardiovascular; los riesgos hormonales del sistema endocrino; el lugar, la intensidad y la forma de las contracciones del sistema muscular; el cambio creciente del ritmo respiratorio, etcétera.

Pero si echamos un breve vistazo a las estadísticas de los trastornos sexuales, los divorcios y el descomunal consumo de fármacos sexuales, resulta un hecho difícil de refutar que, a pesar de los enormes conocimientos que hoy poseemos en esta materia, seguimos atrapados en la misma insatisfacción que caracterizó, tiempo atrás, la vida íntima de nuestros abuelos, sin importar que nos creamos el discurso de que somos parte de una sociedad sexualmente "liberada".

La razón de ello es muy sencilla: tu vida sexual, la mía, la de todos, transcurre fuera de los laboratorios. Eso que llamamos sexualidad humana, en lo cotidiano de nuestras vidas, es mucho más grande, mucho más complejo; contiene tal cantidad de "variables" que resulta del todo imposible intentar encerrarlo en unas cuantas listas de datos higiénicamente obtenidos.

Esta situación se puede resumir parafraseando un antiguo proverbio: "Podemos conocer todos y cada uno de los materiales que componen una guitarra sin comprender absolutamente nada de su música".

Por otro lado, el sexo se ha convertido en la referencia obligada, ya sea que nos detengamos en cualquier puesto de revistas, vayamos al cine, nos estacionemos un rato frente a una pantalla de televisión o hagamos uso de los avances posmodernos de nuestra ilustrada tecnocracia y naveguemos por el infinito mar cibernético. En cualquier espacio encontraremos que, como acertadamente afirmaba Michael Foucault, en la historia de la humanidad somos la sociedad más preocupada y obsesionada por lo sexual; pero, como todos sabemos, la obsesión resulta de un profundo desconocimiento y de una igualmente profunda insatisfacción que caracteriza nuestra condición erótica actual.

Esta obsesión es tan sólo una de las señales que nuestra búsqueda del placer sexual genera porque, a pesar de todos los conocimientos con los que contamos, sigue siendo un viaje que la mayoría de las veces resulta infructuoso y frustrante. Y es que pareciera que, de alguna manera, a nivel intuitivo supiéramos que Eros[3] es un dios que tiene mucho más que ofrecer, más que darnos; como si en una parte oculta de nuestro interior sintiéramos que hay más, que tiene que haber más, mucho más, y así, sin brújula, continuáramos una y otra vez en la búsqueda. A veces, como analizaremos más adelante, pensamos que la respuesta está en refinar nuestras técnicas amatorias; otras pensamos que el problema proviene de no haber encontrado a la persona correcta; quizás andamos tras la respuesta en actividades o lugares oscuros y peligrosos, pero la verdad es

---

[3] He preferido utilizar a lo largo del capítulo las palabras Eros, eros y erótico porque son términos, a mi parecer, más amplios que otros como sexo, sexualidad o sensualidad. Entiendo por eros una energía que está presente en todos nuestros actos creativos, que nos permite el goce de la vida y no sólo el del sexo.

que, por fortuna, sólo muy pocos abandonan la búsqueda, la mayoría continuamos en ella.

Experiencia vivencial

Yo inicié esta búsqueda hace muchos años. Me hice sexólogo en una época en que serlo era una especie de licencia para hacer y vivirlo todo. Me mantuve en ese viaje, tan perdido como cualquier otro; con mis maletas repletas de datos, conocimientos objetivos y científicos. Creía que en ella llevaba todo el equipaje necesario para mi viaje. Formaba parte de los pregoneros del relativismo moral.

Por ese entonces, estaba convencido de que la solución consistía en deshacerse de todas las represiones que, por años, habían mantenido aprisionada nuestra sexualidad; que había que liberarla de falsos valores, mitos, prejuicios, falsedades, etcétera, y, que una vez libre, me daría el placer y el éxtasis ansiado. Tiempo después, y de a poco, me di cuenta de que daba vueltas en círculo, que había perdido el rumbo. El sexo por diversión dejó de ser divertido; el sexo emocionante dejó de ser emocionante; el sexo de técnica depurada se tornó mecánico.

En algún momento hice un alto para revisar todo, para intentar entender dónde, cuándo y cómo me había perdido.

A partir de entonces he tomado otros rumbos, caminos que siempre habían estado ahí. Estos senderos me han permitido conectarme con mi ser erótico y disfrutar más plenamente de la vida y, por tanto, de mi sexualidad plena, sin una vida plena. En pocas palabras, transformar nuestra vida sexual requiere la transformación de la propia existencia.

Este capítulo tiene como finalidad compartir estas reflexiones, esperando que te sea de ayuda en tu camino. Aun así, debo advertir que no cuento con todas las claves; por el contrario, a menudo tengo más preguntas que respuestas. Por consiguiente, no pretendo que en estas líneas encuentres "la respuesta"; más bien, espero que encuentres una invitación a la reflexión, a la búsqueda de tus propias respuestas y que éstas te sirvan de guía en tu propio camino. Creo firmemente que el verdadero amante es siempre un aprendiz.

Creencias que nos desvían del camino

En términos muy generales, creo que son dos los caminos a través de los cuales nos hemos alejado del verdadero sentido de lo erótico. Estos dos caminos conforman dos ideologías que son totalmente opuestas pero que tienen en común haber extirpado, arrancado de nuestra totalidad, el mundo de lo sexual.

El camino de la represión

Esta concepción del mundo en general y de lo sexual en particular, creó un sismo que se encuentra aún muy presente en varios sectores de nuestra sociedad.

La represión es sostenida principalmente por las instituciones religiosas y se basa en la división del ser humano en dos opuestos irreconciliables: por un lado, el alma, y por el otro, el cuerpo. Una vez ocurrida esta división, se creó el conflicto entre los deseos del cuerpo y los deberes del alma. Se propició una espiritualidad descarnada, se planteó que el camino de la salvación del alma requería el olvido y la mortificación del cuerpo; se exaltaba el alma y todo lo espiritual, despreciando el cuerpo con todo lo que contenía, y siendo la sexualidad una dimensión eminentemente corporal, fue el principal blanco de sus ataques. El cuerpo y sus funciones se volvieron sucios, recipientes del pecado, lo cual llevó a vivir el placer, los deseos, el impulso y el instinto con culpa, miedo y ansiedad. Se dictaron normas estrictas de control, la más importante de las cuales fue relegar lo sexual a la función de procreación: el dolor y no el placer era la vía de salvación; lo erótico fue sentenciado al destierro, a vivir en espacios sumamente reducidos.

Hay una buena cantidad de personas –incluyendo aquellas que se autodeclaran "liberadas"– que almacenan en su interior, la mayoría de las veces de manera inconsciente, gran cantidad de ideas residuales de esta creencia que provoca que vivan su sexualidad con culpa, con vergüenza de sus deseos, de sus pensamientos, de su cuerpo, o peor aún, parcial o totalmente insensibles a "esas" partes de su ser. A menudo, a mi consulta acuden hombres y mujeres que padecen la falta de sensación en sus órganos sexuales; todos ellos refieren historias de rígidas educaciones religiosas y morales. A pesar de que muchos son jóvenes, se trata de individuos que tienen miedo de sentir, de ser malos, sucios, indecentes, o que simplemente declaran "no siento nada", con una expresión cargada de ansiedad.

No hemos sido educados con una concepción que acepte el placer como el derecho de toda persona; por el contrario, el placer es considerado, en el mejor de los casos, un elemento secundario y, en el peor, una sensación de la que tenemos que mantenernos a prudente distancia para no perder nuestra alma. Así, la sexualidad quedó reducida a un acto exclusivamente dedicado a la reproducción y todo lo demás se volvió pecado.

Esta represión institucionalizada es causa también del enorme retraso que nuestra sociedad vive en el ámbito de la educación sexual. Tal falta de educación, tanto en lo informativo como en lo formativo, es una de las causas fundamentales de que las personas no puedan tomar decisiones responsables e informadas en aspectos tan importantes como la prevención de embarazos no deseados e infecciones de transmisión sexual. La ética que subyace a esta ideología podría resumirse en la frase "amor sin sexo".

Reflexión

En ese punto, conviene que reflexiones sobre la forma en que estas creencias han afectado tu potencial erótico. Permíteme hacerte las siguientes preguntas a modo de punto de partida:

1. *¿Durante tu niñez se hablaba de sexualidad en tu casa? ¿Qué se decía?*
2. *¿Recibiste información acerca de tu sexualidad? ¿De quién? ¿Por qué medio?*
3. *¿Los adultos de tu casa se demostraban físicamente su afecto?*
4. *¿Qué tipo de prohibiciones sexuales había en tu casa?*
5. *¿Te masturbaste sintiendo que hacías algo malo, con culpa o miedo?*

6. *¿Se te reprendió por alguna conducta sexual?*
7. *¿Tenías con quién consultar tus inquietudes sexuales?*
8. *¿Crees que en el sexo hay cosas "malas" o "sucias"?*

El camino de la falsa liberación

Esta postura tiene su origen en la década de 1960, en un movimiento que se conoció como la "revolución sexual". Este movimiento generó un cambio radical en la que se refiere a las costumbres y el comportamiento sexuales.

Estos "revolucionarios" tomaron la bandera de la libertad. En su origen nada hay que pueda cuestionarse a los objetivos de esta lucha, puesto que era clara y urgente la necesidad de echar abajo todas las barreras que, por décadas, construyeron los abogados de la represión; además, puede entenderse que en una sociedad tan impregnada de prejuicios y represiones sexuales como la nuestra, lo erótico haya sido tratado dentro de un campo académicamente especializado, y haya tenido que ser aislado del amor y lo emocional para su correcto estudio.

Sin embargo, es evidente que de este esfuerzo surgió algo lamentable: sus seguidores terminaron convirtiendo a Eros en una especie de cadáver, perfectamente diseccionado, sin alma. Se le desacralizó por completo, se convirtió en algo básicamente trivial. Y esta trivialización es una de las causas por las que, una vez más, el goce sexual se nos escapó de entre las manos, ya que, por fuerza, aquello que materializamos lo convertimos en algo insustancial, es decir, algo que carece de sustancia, de alma, de magia, de mito, de misterio y, en esa misma proporción, pierde capacidad de sorprendernos y maravillarnos.

Desde esta perspectiva, el sexo se convirtió en una **cosa**, un instrumento que **sirve** para ofertar y vender; algo que se **usa en** otra persona y que, por tanto, se convierte en algo literalmente impersonal.

Éste es quizás el mito sexual posmoderno más extendido: "Yo y el otro somos máquinas, el placer es el resultado de un buen programa que diga dónde, cuándo y cómo tocar al otro para encender sus circuitos". Esta visión se ha extendido casi de manera demencial y su poder más insidioso deviene de que, en un mundo dirigido por la tecnología, nos parece perfectamente lógica, tan normal que no se nos ocurre cuestionarla; pero, si comenzamos a hacerlo, no será difícil darse cuenta de que no funciona, porque al final terminamos insatisfechos.

Por otro lado, ver el sexo de este modo lleva implícita una concepción muy particular que nos hace pensar que lo emocional no está relacionado ni le quita ni le aporta al acto; es decir, creemos que ambos elementos son independientes y que poco tiene que ver el uno con el otro, porque de hecho, en la visión tecnológica, así es. El placer se convierte en un evento mental y, por tanto, desconectado de la totalidad de la experiencia propia y de la del otro; se convierte en un objeto que monitoreamos para saber si estamos apretando los botones correctos y, de esa forma, lo despojamos de todo aquello que le da su fundamento humano. Por ello, no es de extrañar que sólo obtengamos un placer que está a años luz de nuestro verdadero potencial erótico.

Lo cierto es que mientras continuemos creando, reproduciendo y dejándonos llevar por una ideología que valora y genera la manipulación, el consumo, la competencia, el éxito, el individualismo y la explotación, esa misma ideología –de modo inevitable– será llevada a cada una de nuestras relaciones, incluyendo, desde luego, la erótica. Es ingenuo creer que la forma en que pienso, siento y actúo con los demás, se queda fuera en un contacto erótico. Nuestras experiencias eróticas seguirán siendo limitadas e insatisfactorias, por más conocimientos que tengamos y por más liberados que estemos en el campo de lo sexual. Si insistimos en vivir una sexualidad fragmentada, separada del resto de lo que somos, inevitablemente el placer que derivemos de ella será igualmente fragmentado.

La solución de nuestro malestar erótico no se resolverá con unas cuantas recetas de técnicas o posiciones sexuales; no lo solucionaremos con un cambio de formas porque ése no es el problema. La tecnología sexual, por muy avanzada que sea, no traerá goce y satisfacción a nuestra vida sexual.

Nuestra sexualidad es insatisfactoria porque nuestra vida en general está diseñada para la insatisfacción. Hemos apartado al corazón de la mente, a la mente del cuerpo y, en última instancia, nos hemos separado de todo cuanto nos rodea. No es sólo nuestra vida sexual la que está sedienta de erotismo, pasión y gozo, es nuestra vida entera la que lo necesita. Necesitamos volver a ser eróticos, más allá del dormitorio. Requerimos reconectarnos con todo, no sólo con nuestro amante; necesitamos no aprender, sino recordar, que alguna vez estuvimos conectados sensiblemente con nosotros, con los demás y con el mundo; que tenemos derecho no sólo al placer sino al gozo, al éxtasis y, como dice Anais Nin: "Únicamente puede crear éxtasis la óptima unión de corazón y sexo".

Si trasladamos estos dos caminos al campo de lo erótico, resumiríamos sus visiones como sigue.

Lo erótico como una función de procreación

Ésta es, quizá, la primera traición que perpetramos contra lo erótico. Lo volvimos pecaminoso, sucio, vergonzoso cuando su meta se apartó de la procreación. Nos alejamos de él para ganar el cielo, lo maltratamos de mil formas en un esfuerzo por reprimirlo, pero olvidamos que reprimir no es lo mismo que desaparecer. Así, nuestra energía sexual toma para su expresión caminos frecuentemente distorsionados. Al convertir lo erótico en pecado, convocamos a la culpa. Incluso en la actualidad, con toda nuestra libertad sexual, mucha gente vive este aspecto de la existencia con ansiedad, culpa y vergüenza, lo que hace del todo imposible su disfrute. Esta postura se puede resumir en el amor descarnado, sin cuerpo, sin eros.

Lo erótico como una función de divertimiento

Esta perspectiva es más contemporánea, contraria a la anterior; es la filosofía del placer por el placer, sin mayores reflexiones. Es la búsqueda del placer fácil e inmediato, una posición alarmantemente difundida, incluso (y esto la hace más peligrosa) promulgada por una gran cantidad de "sexpertos" que encuentran en cualquier ética sexual un modo de represión a la que hay que oponerse. Se trata de una filosofía que aboga por un total relativismo moral del sexo sin limitaciones por parte de los que piensan que el placer sexual es resultado de lo emocionante, de quienes plantean que la solución de lo erótico está en lanzarse con entusiasmo, y sin ningún tipo de represión, a probar todas las formas concebibles de intercambio sexual. Es el sexo de "aventura extrema".

Este tipo de sexo está condenado al fracaso, pues su característica fundamental es su breve temporalidad; un placer basado exclusivamente en lo sensorial termina por saturar e incluso por causar rechazo. Subir a la montaña rusa resulta sumamente emocionante las primeras veces, pero a medida que se repite va perdiendo su atractivo. De igual manera, este tipo de comportamiento sexual nos deja en el mismo sitio en el que empezamos, por lo que pronto nos veremos forzados a buscar algo más emocionante, más excitante, y entonces repetiremos el mismo ciclo que, como es de suponer, termina en aburrimiento o hastío. El sexo anónimo puede ser, y frecuentemente lo es, excitante; el atractivo de lo nuevo, de lo desconocido, de lo peligroso, nos prende, nos llama, nos tienta. Nos regresa a la fantasía infantil del placer sin responsabilidad, sin consecuencia. Pero, como sucede con cualquier fármaco que estimule nuestro sistema nervioso, termina por anestesiarnos y destruir la real conexión con nosotros mismos y con los demás.

El fallo del hedonista a ultranza no se basa en que esté realizando algo moralmente reprochable, sino en que viaja por una ruta que no lo lleva a parte alguna.

Centrarnos de manera exclusiva en la búsqueda de placer ha demostrado ser una visión equivocada. Quizá después de haber sufrido varias décadas la represión de nuestro impulso sexual, se hizo necesario romper con nuestras cadenas y abandonarnos al libre y desinhibido flujo de nuestros deseos, pero también es cierto que quizás estemos en un momento idóneo para replantearnos la cuestión pues la liberación inmediata e irreflexiva de nuestro impulso, a final de cuentas, se convirtió en un comportamiento que nos ha dejado insatisfechos. Parece que en este momento, los "tecnólogos sexuales" que nos han invadido con un sinfín de técnicas cuidadosamente diseñadas para construirnos el gran orgasmo y que pregonan la salvación de lo erótico mediante la "correcta" aplicación de los estímulos en los lugares "correctos", pueden ser fácilmente desenmascarados. Hemos consumido, aprendido y aplicado cada uno de los "trucos" que nos han vendido mensualmente en periódicos, revistas y televisión, y hemos podido comprobar que, en el mejor de los casos, lo único que recibimos a cambio es un breve salto en nuestra excitación.

Para realizar el ejercicio de replantearnos nuestra actitud frente a lo erótico sólo necesitamos revisar nuestras creencias acerca de lo que es el placer y, más aún, el gozo. En líneas anteriores mencioné que el gozo es una experiencia que no se refiere únicamente al espacio del dormitorio, es una experiencia que va más allá, que prefiere el bosque a los jardines.

En otras palabras, lo que sostengo es que, sin importar cuánto nos esforcemos, no es posible una vida sexual gozosa si no tenemos una vida gozosa en lo general. Lo erótico es una experiencia demasiado amplia para que pueda ser atrapada entre las cuatro paredes de una alcoba. Llenar de gozo nuestra sexualidad implica llenar de gozo nuestra existencia.

Reflexión

Ahora, te invito a reflexionar sobre las siguientes preguntas:

1. *¿Cuánto tiempo dedicas al disfrute en tu vida diaria?*
2. *¿Vives estresado y con prisa la mayor parte del tiempo?*
3. *¿Le das a tu relación de pareja un espacio amplio en tu vida?*
4. *¿Le dedicas el tiempo suficiente a tu vida sexual?*
5. *¿Has utilizado algún fármaco o alguna técnica moderna para resolver tu vida sexual? ¿Tu sexualidad se ha vuelto monótona, aburrida, rutinaria?*
6. *¿Logras conectarte profundamente con tu amante?*

Retornando a nuestro potencial erótico

Si queremos retornar a lo plenamente gozoso, a lo erótico, primero necesitamos comprender lo que es el placer, el gozo y el éxtasis. Casi cualquier experiencia sexual que tenemos nos ofrece una experiencia placentera; sin embargo, no todas son igualmente placenteras. Es decir, el placer no es una experiencia de un solo color, sino que, por el contrario, nos ofrece una cantidad enorme de matices y profundidades. Como ya afirmé, para la mayoría de los occidentales esta experiencia de placer empieza y termina, en esencia, en lo puramente sensorial; no obstante, aunque lo sensorial es una parte en la que se instala el placer, no es ni por mucho, su espacio exclusivo.

Los seres humanos, entendidos en su totalidad, somos seres bio-psico-socio-espirituales y el acto erótico pleno requiere necesariamente de una presencia plena por igual. Podemos estar corporalmente en una actividad sexual sin que por ello se encuentre presente nuestra afectividad o nuestra espiritualidad, de ahí que el placer que derivemos de dicha actividad, por fuerza será parcial y la satisfacción, incompleta.

Esto significa que cuanto más de nuestro ser esté en ese instante, más profundo será el placer, y éste, en sus máximas expresiones, se convertirá en una experiencia de gozo y éxtasis. Dicho de otra manera, cuanto más de nuestro ser participe del encuentro con plena conciencia, más ascenderemos por el continuo del placer y, por consiguiente, nos envolverá una experiencia de mayor plenitud.

En algún momento de nuestra existencia, la mayoría de nosotros hemos experimentado estos niveles de gozo, no sólo con nuestro amante, sino tal vez al ver un paisaje, al observar la sonrisa de un niño o al escuchar un aria de ópera, vivencias que en un momento dado pueden adquirir tal intensidad que nos conmueven hasta las lágrimas o nos hacen estallar en una loca risa de alegría. Estas experiencias, en sustancia, no guardan diferencia alguna con el gozo que podemos alcanzar en el encuentro sexual con el otro cuando, de manera inevitable, nos fundimos en la danza de dos almas en una sagrada celebración.

El ser racional, objetivo y eminentemente pragmático de nuestros días, puede considerar estas cuestiones ridículas y hasta chocantes, pero el testimonio de muchos amantes da prueba de que todo este inmenso potencial está a nuestro alcance y que, en definitiva, estamos diseñados para escalar estas alturas del gozo.

Por otro lado, para algunos tal vez la pregunta más lógica después de toda esta exposición sea "¿Cómo?" Si bien no pretendo dar una lista de "técnicas" del "sexo de alto rendimiento", sí puedo hacer una serie de sugerencias que pueden servir de guía a todo aquel que, honestamente, desee internarse por este sendero.

1. Date el tiempo

El primer elemento a considerar es el tiempo. El ego y sus expectativas van rápido, guiados y consumidos por Cronos.

Muchas veces estamos en un lugar y ya queremos estar en otro, ¡el tiempo es oro! Sin embargo, una característica de Eros es que, al contrario del ego, él va despacio, le encanta perder el tiempo, entretenerse, observar, disfrutar. No hay placer profundo en el sexo persistentemente rápido. Las estadísticas nos dicen que la duración promedio de nuestros actos sexuales es de apenas 15 minutos. No debería sorprendernos disfrutar tan poco.

2. Permanece en el presente

Desde la más tierna infancia a la mayoría de nosotros nos enseñan a centrar nuestra atención en el futuro o el pasado.

Nos colocan en lugares agradables de visitar, de hecho, necesarios para la supervivencia y el éxito, pero no se ubica en estos tiempos el placer. Si realmente nos interesa descubrir el placer, hay que empezar centrando nuestra atención en el presente, pues es sólo el presente el lugar donde habita el placer.

Cuando nos quedamos en el presente, "estamos". Se acaban las prisas y no queremos llegar a lado alguno. Por ejemplo, no intentes forzar un orgasmo, detente, pierde el tiempo y disfruta. No quieras cambios, goza con lo que está sucediendo.

El tiempo erótico es un tiempo sagrado y sagrado significa aparte, quiere decir que dejes todo a un lado: televisión, celular, computadora, entre otros distractores.

3. Haz rituales

Empieza por transformar un "buen acostón" en un auténtico ritual. Prepara la estancia, convierte –aunque sólo sea temporalmente– tu dormitorio en un espacio sagrado. Lleva flores, aromas, colores. Uno de los objetivos del ritual es crear una actitud de atención, de disposición plena. Es el principio mediante el cual podemos empezar a darle un carácter sagrado al encuentro amoroso.

4. Relájate

Toma un baño relajante, un baño tibio que relaje tus músculos tensos. Considera que se requiere tiempo para liberarnos del estrés de la oficina, de los hijos, del ajetreo de la ciudad. Un baño es una excelente forma de entrar en ese tiempo y es conveniente que esto lo hagan ambos. Toma conciencia de la sensación del agua recorriendo su cuerpo; bríndate la oportunidad de empezar a dejar tu mente y habitar tu cuerpo. Esta simple vivencia en conciencia empezará a "despertar" todas las terminaciones nerviosas de tu piel.

Luego, ya en la cama, no te lances desbocado a la búsqueda de un "buen orgasmo". La idea es seguir a Eros en vez de que lo obligues a ir por donde tú mandas. Conviértete en un amante, no en un "programador sexual".

Alan Watz, en su libro *El futuro del éxtasis,* lo explica de manera brillante: "Si no se hace ningún esfuerzo para provocar el orgasmo por medio del movimiento del cuerpo, la interpenetración de los centros sexuales se convierte en un canal de intercambio psíquico muy intenso. Al no esforzarse ninguno de los amantes para que suceda algo, ambos se entregan completamente a lo que el propio proceso decida".

Detente entonces. No vayas en busca de una nueva marca. Coman frutas o dulces, platiquen, tóquense, siéntanse. Deja que sea tu cuerpo y no tu mente el que marque el ritmo. Disponte como te dispondrías a disfrutar de una comida o un vino delicioso.

Ve despacio, saborea, observa, escucha, huele, percátate de cada detalle. Nota lo que te dice cada uno de tus sentidos, explora con cuidado. Honra cada lugar, cada textura, cada olor, cada sabor que vayas descubriendo.

5. Respira

Otro elemento que es crucial tomar en cuenta es tu respiración.

Los "atletas sexuales" suelen respirar en forma rápida, forzada, tensa y superficial. En cambio, los amantes respiran lento, profundo, calmadamente. Esto te permitirá mantenerte relajado y servirá también para sensibilizar tu cuerpo. Pronto descubrirás que entras en un estado de paz y serenidad sin apresuramientos.

6. Conéctate

Algo que conviene no olvidar es crear intimidad y pocas cosas crean tanta como ver de manera directa y relajada a los ojos de tu amante, así como dejar que él o ella te vea. Se dice, y con razón, que los ojos son las ventanas del alma.

En antiguos rituales orientales, se instruía a la pareja a verse a los ojos en silencio antes del acto de amor. Se creía que eso colocaba a los amantes en un encuentro de honestidad, ya que para ver y ser visto sin desviar la mirada, era preciso ser honesto.

Recuerda que cuando estás frente al otro, estás ante una presencia viva, ante otro ser con cuerpo pero también con sentimientos, con emociones, con alma. Recuerda que ese otro no está para elevar tu ego, sino tu espíritu.

Por último, deseo resaltar que el sexo puede ser, y a menudo lo es, una vía de manipulación, una forma de lograr satisfacernos egoístamente, de ganar poder, fama o estatus; también puede ser una vía de violencia, explotación y dominación. Pero el verdadero amor erótico es otra cosa: es una vía de encuentro con nosotros y con el otro, una vía conjunta, una vía de regreso al hogar.

Otro tema que puede generar conflicto en la pareja, es el económico, así que lo revisaremos en el siguiente capítulo.

7. El tabú de la economía

Equilibra tus necesidades con tu riqueza
y no serás pobre ni rico, sino simplemente afortunado.
Chilon de Lacedemonia

Las finanzas familiares se convierten en un tema de análisis relevante en estos tiempos en los que ha cobrado tanta importancia el desarrollo profesional del hombre y de la mujer. En la situación actual, la mujer no se dedica del todo al hogar, sino que suele trabajar fuera de casa –tanto por necesidad como por el gusto de desarrollarse en otras áreas–, lo que implica que ambos generen recursos económicos. Si bien esto tiene una gran ventaja para la economía de la pareja, por otro lado, es frecuente que la pareja retrase el compromiso de vivir juntos y compartir las responsabilidades pues resulta muy cómodo, en varios aspectos, vivir una relación por ratos y seguir habitando en la casa de los padres, con todas las ventajas que ello conlleva (no preocuparse por la limpieza, ni por la comida, incluso ni siquiera por el aseo de su ropa). Curiosamente, esta situación también les parece normal y conveniente a algunos padres, al grado de que aunque los hijos tengan un empleo y generen recursos económicos, no se les pide aportación alguna para el sostén de la casa familiar.

Algunos jóvenes deciden tener su propio espacio, lo que les da libertad y madurez, aunque la costumbre de estar solos y moverse como quieren también dificulta la decisión de vivir con una pareja.

La edad para formar una familia propia ha cambiado; hace algunos años muchas parejas se casaban entre los 23 y 28 años, o menos, mientras que ahora deciden casarse o vivir juntos a la edad de 30 y hasta 40 años. Podríamos decir que hay una mayor conciencia de lo que se quiere hacer antes de dar un paso tan importante: eligen primero divertirse, superarse y en algunos casos viajar, y después ya se sienten preparados para formar una familia o convivir con su pareja.

En tiempos no muy lejanos era el hombre quien llevaba el dinero a la casa, lo cual significaba que no se compartía la economía: la mujer no sabía cuánto ganaba su esposo; él simplemente proporcionaba lo que se necesitaba y en ocasiones también era presionado por ella para llevar más dinero al hogar. Sin embargo, en muy pocos casos se acostumbraba que ambos estuvieran conscientes del dinero que entraba, para que a partir de ahí decidieran cómo iban a gastarlo.

Ahora, cuando en la mayoría de los casos ambos trabajan, lo ideal sería que los dos supieran con cuánto cuenta la pareja y así hacer los apartados correspondientes para gastos fijos (renta, alimentos, luz, gas, limpieza, etcétera), cierta cantidad para los requerimientos de cada uno y para lo que consideren importante. Esto suena sencillo, pero en la práctica es un tema muy complicado durante la relación.

La frase popular "Cuando el hambre entra por la puerta, el amor sale por la ventana" suele ser muy cierta; por ello, es muy importante dialogar sobre este tema, llegar a acuerdos, aprender a cuidar lo que se tiene y no gastar más de lo que se genera. De otra manera, los conflictos podrían agravarse por supuestos jamás expresados y por expectativas tradicionales que en el momento no proceden. Leamos el siguiente ejemplo para reflexionar sobre cuántas parejas conocemos en situaciones similares.

Ejemplo ilustrativo

Después de cuatro años de noviazgo, Ernestina, de 30 años, y Alberto, de 34, ambos profesionistas y exitosos en su trabajo, decidieron casarse. Él tenía una buena posición económica y se hizo cargo de la mayoría de los gastos de la boda, la casa y el mobiliario. Nunca hablaron de cómo llevarían las finanzas del hogar. Ernestina, hija de una pareja tradicional –sin siquiera pensarlo–, esperaba que Alberto se hiciera cargo de todos los gastos. Ella ganaba "su" dinero y lo gastaba en "sus" cosas y en "sus" diversiones. Alberto, después de algunos meses, habló con ella y le pidió que compartieran los gastos de la casa, lo que indignó a Ernestina pues consideraba que era responsabilidad de él y se negó a cooperar. Empezaron a tener algunos conflictos: Alberto insistía en que no le quedaba dinero para comprar lo que él necesitaba, pero aun así Ernestina no cedió. Tiempo después, Alberto tuvo problemas en su trabajo y decidió renunciar para comenzar un negocio con un familiar; esto hizo que ya no tuviera entradas fijas, lo que afectó sustancialmente la economía de la pareja. Ernestina, muy enojada, tuvo que hacerse cargo de la situación económica, pero día con día se incrementaban sus problemas y poco tiempo después, decidieron separarse.

Compartir o competir

Aprender a compartir es un paso muy importante en la relación de pareja; competir, en cualquier situación, genera conflicto.

Hemos visto que, ante la situación actual, es muy común que la mujer salga a trabajar y se desarrolle eficazmente llegando incluso a tener altos puestos, aunque también es cierto que en ocasiones se le paga injustamente una menor cantidad que al hombre en el mismo puesto.

La inclusión de la mujer en el ambiente laboral puede llevar a diferentes escenarios, especialmente cuando ella percibe más ingresos que el hombre:

1. La mujer resiente la convivencia en pareja, ya que el hombre se desvaloriza.
2. La mujer acaba por mantener la casa.
3. La mujer evita desarrollar todo su potencial para no dejar a su pareja en un nivel más bajo.
4. El hombre se vuelve agresivo e intenta descalificarla continuamente.
5. En el panorama ideal, el hombre apoya a su mujer, la mujer apoya a su pareja y ambos comparten la economía con admiración mutua.

Cada uno de estos escenarios se sustenta en las creencias y en los aprendizajes que, como señalamos en capítulos anteriores, proceden de nuestra familia de origen y se convierten en ideas preconcebidas que no se cuestionan ni se actualizan.

Vivimos en una época de grandes cambios, podríamos decir, de "muchas crisis". Si entendiéramos que, en lugar de peleas innecesarias y competencias absurdas, conviene replantear una visión diferente, una visión de lo que pudiera ser una relación de pareja adaptada y actualizada a una nueva realidad, lograríamos una transición más fluida y enfocada preferentemente a la consolidación y a lo que en realidad importa para los objetivos propios y comunes.

Por alguna razón, el tema de la economía se mantiene al margen y no se discute con apertura y comprensión, lo que provoca que algunas relaciones terminen, aun cuando ya hayan avanzado en otros aspectos, por no romper el tabú y considerar que quien lo hace "es materialista por dar importancia a este tema". Hay quien dice, en el argot terapéutico, que como manejamos nuestro dinero vivimos nuestra vida. Reflexiona sobre ello. A continuación te exponemos un ejemplo típico que se vive en este siglo y en una cultura como la nuestra.

Ejemplo ilustrativo

Rosa tiene 36 años, es una mujer exitosa tanto en lo profesional como en lo laboral; se mantiene en constante preparación, actualmente estudia una maestría. Aunque ha tenido varios novios, ella informa que al principio de los noviazgos todo caminaba muy bien, pero, con el paso del tiempo empezaban, invariablemente, a tener problemas hasta terminar la relación.

Con su última pareja, Alfonso, con quien tuvo oportunidad de compartir más, ella intentó entablar una mejor comunicación y evitar que la historia se repitiera. Alfonso se sentía muy bien con Rosa, pero después de unos meses de noviazgo, él empezó a cambiar. Preocupada, Rosa le preguntó qué le ocurría y él respondió que ella se preocupaba demasiado por su desarrollo profesional y que aun cuando él no podía decir que estaba en desacuerdo, en realidad creía que con alguien como ella no podría llegar a formar una familia ya que prefería que su esposa se dedicara más a su hogar. También le manifestó que no le gustaba que ella ganara más que él, pues se sentía devaluado: "En mi casa siempre fue mi padre el que se hizo cargo de la economía". Rosa concluyó que si Alfonso pensaba de esa manera, no era conveniente seguir con él porque ella no estaba dispuesta a renunciar a su trabajo ni a su desarrollo. De esta forma repitió el esquema que había caracterizado a sus relaciones anteriores y concluyó su noviazgo.

Por todo lo anterior, es de vital importancia que la pareja exponga y revise cuáles son sus verdaderas creencias respecto a la adquisición y al uso del dinero, a fin de cuestionarlas, reflexionar y concretar cuáles funcionan aún y cuáles están dispuestos a modificar cada uno de sus integrantes. A partir de ello podrán actualizarlas y proponer otras nuevas que sean apropiadas para los integrantes de la pareja, para la relación misma y para el alcance de las metas individuales y comunes que hayan programado.

Ejercicio: "Nuestras creencias"

Escribe en las siguientes líneas las respuestas a las preguntas que se plantean. Pídele a tu pareja que también las responda por separado:

1. ¿Quién, de los integrantes de la pareja, debe generar los recursos económicos?

   La mujer ________ El hombre ________ Ambos ________

   ¿De quién lo escuchaste? ______________________________

   ¿Qué opinas tú y por qué? ______________________________

   ____

   Si tu opinión es diferente de la de tu familia, ¿qué crees que pueda pasar en tu relación?

   ____

   ____

2. ¿Quién debe atender las labores de la casa?

   La mujer ________ El hombre ________ Ambos ________

   ¿De quién lo escuchaste? ______________________________

¿Qué opinas tú y por qué? ______________________________

____

Si tu opinión es diferente de la de tu familia, ¿qué crees que pueda pasar en tu relación?

____

____

3. La mujer debe... (concluye la frase) ______________________

____

____

¿De quién lo escuchaste? ______________________________

¿Qué opinas tú y por qué? ______________________________

____

Si tu opinión es diferente de la de tu familia, ¿qué crees que pueda pasar en tu relación?

____

____

4. El hombre debe... (concluye la frase) ______________________

____

____

¿De quién lo escuchaste? ______________________________

¿Qué opinas tú y por qué? ______________________________

____

Si tu opinión es diferente de la de tu familia, ¿qué crees que pueda pasar en tu relación?

____

____

5. Si la mujer trabaja, ¿qué puede ocurrir? ______________________

____

____

¿De quién lo escuchaste? ______________________________

¿Qué opinas tú y por qué? _____________________________

____

Si tu opinión es diferente de la de tu familia, ¿qué crees que pueda ocurrir?

____

____

6. Si el hombre gana menos que la mujer, ¿qué puede ocurrir? ____

____

____

¿De quién lo escuchaste? ______________________________

¿Qué opinas tú y por qué? _____________________________

____

Si tu opinión es diferente de la de tu familia, ¿qué crees que pueda ocurrir?

____

____

7. Si ambos integrantes de la pareja son generadores económicos, ¿cómo deben manejar sus finanzas? ____________________

____

____

¿De quién lo escuchaste? ______________________________

¿Qué opinas tú y por qué? _____________________________

____

Si tu opinión es diferente de la de tu familia, ¿qué crees que pueda pasar en tu relación?

____

____

Ya que ambos hayan anotado sus creencias, de dónde surgen y cuál es realmente su opinión, compártanlas y juntos intenten cuestionarlas y generar un nuevo punto de vista común en relación con lo económico.

Si doy más, ¿tengo más derechos?

Todas estas reflexiones nos llevan a considerar un tema subyacente, aunque no por ello menos importante, relacionado con el manejo del dinero: el uso del poder sobre los demás, desde la idea del control de normas, estilos de vida, así como decisiones respecto a otros, a la calidad de vida y a las necesidades primordiales.

En muchas ocasiones, ante la idea de que fuera el hombre quien aportara todo lo necesario para solventar las necesidades del hogar y los miembros de la familia, éste "adquiría" el derecho de decidir, por ejemplo, si se compraba o no algo que implicaba una modificación a la economía familiar, o si se podía gastar en un compromiso social o con sus amigos. En muchos casos, la mujer no estaba enterada de cuánto ganaba el marido y tenía que pedirle dinero para los gastos de la casa, en ocasiones, sintiéndose mal por estar restringida y, en otras, avergonzada por lo que gastaba o enojada al percatarse de que su marido usaba el dinero para asuntos personales, mientras decía que no había suficiente para la familia.

Ante el ejercicio de este control, no sólo de los gastos, sino a veces de las personas, por supuesto surgían conflictos debido a la falta de claridad respecto a con qué se contaba y con qué no, y debido al resentimiento derivado de acciones que se ejecutaban a pesar de los intereses de la esposa y de los hijos, cuando correspondía, como puede apreciarse en el siguiente ejemplo.

Ejemplo ilustrativo

Blanca y Pedro llevaban 20 años de casados. Pedro siempre fue un hombre trabajador, con éxito económico durante 15 años de matrimonio; Blanca estaba dedicada a su hogar. Entre ellos nunca hubo acuerdo sobre la utilización del dinero: Pedro acompañaba a su esposa a comprar la despensa y pagaba todos los gastos de la familia; también decidía qué viajes hacer y qué automóvil comprar. A Blanca no le faltaba nada, pero nunca tenía dinero propio disponible.

A Pedro le empezó a ir mal en su trabajo, pero nunca habló de ello con su esposa: continuó gastando como antes lo hacía, y si Blanca le pedía algo, él se lo daba. Así estuvieron algún tiempo hasta que Pedro quedó en bancarrota.

Como era de esperarse, empezaron a tener grandes problemas entre ellos, no pudieron resolver su situación y terminaron separados.

Como éste, existen muchos casos en los que el hombre toma el control y no comparte la situación económica con su pareja, con consecuencias muy graves de una comunicación poco franca y, por ende, de la incapacidad de llegar a acuerdos benéficos para ambos.

Sin embargo, hoy es indistinto el género para que se viva este tipo de situaciones. Hombres y mujeres que internamente se han sentido poco valiosos, buscan compensar "el vacío de su interior con monedas de avaricia, billetes de ignorancia y cheques de egoísmo, lo que paradójicamente les empobrece más el alma despoblada", como lo expresa Rubén González Vera en su libro *La revolución de la pareja.* Él mismo, al respecto, añade que la prepotencia, la avaricia y la soberbia que exhiben las personas con deficiencias emocionales, éticas y espirituales, son expresiones de hostilidad producto de sus miedos internos y que ahora utilizan como defensa para manipular o denigrar a quienes "han elegido depender de ello por inseguridad", con conductas tales como promover que se sienta culpable por intentar algo más, sabotear cualquier intento de independencia económica, etcétera.

Bert Hellinger, en su libro *Órdenes del amor,* explica que en una pareja debe haber equilibrio entre el dar y el recibir. Cuando no es así, llega el momento en que quien ocupa la posición de mando se siente cansado y percibe que la otra persona queda en deuda, y es entonces cuando toma el poder en la relación. En cambio, la persona que menos aporta puede asumir un papel de sumisión o enojo, ya que siente que por más que haga no podrá emparejar la situación y siempre percibirá o recibirá más de lo que pueda aportar.

Es posible que uno de los dos sea quien dé el dinero, pero si la otra persona tiene otras tareas y las lleva a cabo, deberíamos pensar que la situación es equitativa y justa.

Si pensamos que quien aporta más es el que tiene más derechos, seguiremos construyendo parejas disparejas que nos harán sentir que uno gana y el otro pierde o que uno vale más que el otro; la realidad es que ninguno de los dos tiene más derechos que el otro. Ahora podemos mejorar nuestra relación al aprender a vernos como seres humanos, diferentes, pero con los mismos derechos y las mismas necesidades; podemos elegir compartir en lugar de competir.

Si buscamos ser una pareja **pareja,** es necesario cuestionar con sinceridad las creencias que traíamos anteriormente y que en su momento fueron válidas, pero que hoy ocasionan serios conflictos en la relación.

Las finanzas en casa

En este punto es conveniente retomar los elementos que hemos revisado a lo largo de los capítulos anteriores, puesto que será imprescindible aplicarlos también en la circunstancia financiera de la pareja. Así podrán ponerse de acuerdo sobre la manera en que van a manejar este rubro tan importante y evitar conflictos innecesarios entre ustedes.

Recuerda que cuanto más claros y concretos sean los acuerdos, más fácil será llevarlos a cabo con la seguridad de que lo que se está haciendo es lo adecuado.

Damos por hecho que a lo largo de los temas que analizamos antes de llegar a la economía, te habrás dado cuenta de la importancia que tiene el principio de la honestidad con uno mismo. Las reflexiones son vitales, ya que si no estamos convencidos internamente de algún punto, no podremos generar acuerdos. Por ello, antes de llevar a cabo el ejercicio

"Compartiendo las finanzas" que presentamos más adelante, es necesario que, junto con tu pareja, analicen y elijan la opción que les parezca más conveniente de las cuatro que proponemos:

1. Ambos comentarán abiertamente cuánto ganan, para después reunir el dinero y distribuirlo en forma equitativa.
2. Ambos comentarán abiertamente cuánto ganan y definirán los porcentajes de colaboración individual para los gastos comunes, de tal manera que al final, cada uno disponga del dinero sobrante.
3. No comentarán cuánto ganan, pero aportarán partes iguales para los gastos comunes.
4. Cada uno dirá la cantidad que quiere o puede aportar para el gasto común.

Si, por alguna razón, ninguna de estas cuatro opciones se ajusta a sus necesidades como pareja, o alguno de los dos no genera ingresos, planteen ustedes mismos la alternativa que resulte más adecuada para su situación particular. Sin embargo, nosotros les recomendamos las dos primeras opciones.

Cuando hayan decidido el modelo que van a utilizar en su relación, lleven a cabo el ejercicio siguiente.

Ejercicio: "Compartiendo las finanzas"

Completen la siguiente lista de los gastos comunes que tienen como pareja; si consideran innecesario alguno, elimínenlo. En seguida, a la derecha de la lista escriban la cantidad mensual requerida para solventar cada rubro. Puede ser una cantidad fija o variable (si éste es el caso, calculen un promedio).

1. Renta o mantenimiento del inmueble donde habitan	$
2. Alimentación	$

3. Luz, teléfono, gas	$
4. Transporte, cualquiera que éste sea	$
5. Artículos de limpieza y otros	$
6. Atención médica y medicamentos	$
7. Créditos	$
8. Ropa	$
9. Educación de los integrantes de la pareja y/o de los hijos: colegiaturas, libros, uniformes, etcétera	$
10. Otros, tales como lavandería y tintorería	$
11.	$

Con esta información podrán identificar con claridad cuáles son los gastos obligatorios. Si una vez hecho el cálculo queda una cantidad extra, elaboren una lista más, indicando a qué les gustaría destinar esos recursos adicionales. Por ejemplo, ahorro, seguros, vacaciones, ropa, comidas en restaurantes, actividades deportivas, gastos personales de él, gastos personales de ella, imprevistos, varios, entre otros. Ya elaborado este nuevo listado, anoten también, en el lado derecho de cada renglón, la cantidad o el porcentaje que desean destinar a cada rubro.

Cuando se dispone de una cantidad significativamente alta, parecería que las listas anteriores no tuvieran mucho sentido; sin embargo, ayudan a clarificar un presupuesto básico y, si llegara a presentarse una temporada de "vacas flacas", seguramente no desequilibraría tanto su situación económica, ni afectaría el ámbito emocional de la pareja.

Existen posturas diferentes, no cabe duda, pero lo importante es lograr que, siendo pareja, se apoyen uno al otro y se motiven recíprocamente para salir adelante. Como expresan María de los Ángeles Muñoz de S. y Armando Suárez H., en su libro *Orientación matrimonial*: "La recta planeación de la vida económica repercute directamente en la tranquilidad y la paz familiares. Aunque el dinero no lo es todo en la vida, se necesita".

Para concluir este capítulo, citaremos de nuevo a Rubén González Vera, quien en la obra mencionada expresa textualmente: "Tenemos que asimilar que el dinero es un medio, no un fin; que la abundancia está en el mundo interno de las personas y no en su chequera, y que riqueza y dinero no son lo mismo".

A continuación analizaremos otro tema que, en ocasiones, se atiende de manera similar al económico, incluso con connotaciones de tabú. La razón es que su abordaje casi invariablemente nos remite también a creencias, aprendizajes y supuestos poco sustentados que se han asumido sin cuestionar o sin abrir opciones que ofrezcan interpretaciones diferentes y una mayor comprensión. Por ello también se convierte en un importante generador de conflictos mal manejados.

8. La relación requiere cultivarse

Todo pasa y todo queda, pero lo nuestro es pasar,
pasar haciendo caminos, caminos sobre la mar.
Antonio Machado

A lo largo de los capítulos anteriores tocamos algunos temas que en la actualidad influyen de manera destacada en la relación de una pareja, sin aspirar jamás a contemplar todas las variables que interactúan y que sabemos existen. Conscientes de que todo lo expuesto es válido y que la tarea de trabajar duro en forma ardua y constante en cada punto contribuirá para crecer como pareja ***pareja,*** intentaremos descifrar una gran interrogante:

¿Qué es lo que mueve a la persona y a cada pareja a esforzarse, o no, día con día para alimentar su relación y actuar en consecuencia, sin perder de vista el propósito original para que su gran proyecto, el crecimiento conjunto, no tenga fin?

La respuesta es complicada porque contempla, a su vez, varios factores que se conjugan para lograr un crecimiento conjunto. No son técnicas ni habilidades, se alejan de ser hábitos, tampoco son un listado de principios o valores que pudiéramos decir de memoria como cuando los niños repiten una y otra vez el alfabeto. Entonces ¿de qué depende este crecimiento?

Simplemente depende de una predisposición interna: adoptar una actitud que nos empuje a querer que las cosas sucedan; tener la humildad de aceptar que no todo recae en una de las partes; estar abiertos a aprender, minuto tras minuto, opciones nuevas y diferentes que nos actualicen; comprender que los seres humanos cometemos muchos errores y que aceptarlos y darnos nuevas oportunidades desde el perdón, nos permite volver a comenzar; confiar en nosotros mismos y en la pareja; aceptar que no existen fórmulas mágicas o teorías irrevocables y que, en ocasiones, la intuición nos ofrecerá la respuesta sabia a lo que buscamos; entender que, como dijo Machado, "...al andar se hace camino", y también, ¿por qué no?, caminar a cada paso con alegría.

Ahora la pregunta se torna más difícil: ¿De dónde surge todo lo anterior? Del amor. Palabra altamente trillada y, al mismo tiempo, tan válida y significativa.

Hemos intentado hacer una analogía entre lo que es una relación y un bebé propio. Cuando lo vemos desde ese enfoque, aceptamos que esa relación requiere cuidados; el amor surge sin cuestionamiento alguno, aunque algunas acciones parezcan alejarse del objetivo.

Experiencia vivencial

Recuerdo que cuando mi hija era muy pequeñita (tenía aproximadamente seis meses) apenas iniciaba con un alimento nuevo que le autorizó el pediatra, así que procedí a prepararle unas deliciosas espinacas que más tardó en probar que en escupir.

Yo, tal cual había leído en los libros que sugerían "lo mejor para la educación", le dije en tono firme: "Si no te gustan está bien, pero no escupas". Ella me miraba como si comprendiera todo y yo me sentía muy feliz de actuar conforme a lo "correcto"; pero, súbitamente, empezó a llorar y a gritar hasta que se privó. Yo todavía permanecí dizque tranquila porque los libros decían que ante un berrinche hay que corresponder con indiferencia. Después de un minuto me angustié tanto que fui por agua fría y le rocié un poco en su cabecita. Por fortuna mi hija reaccionó y la indiferencia fue entonces de ella hacia mí. En ese momento yo estaba muy contenta porque ella estaba bien, así que fui y tiré todos los libros a la basura. Decidí que mi intuición y mi amor materno ofrecían alternativas que probablemente no estuvieran avaladas por grandes estudiosos del comportamiento humano, pero que en nuestra experiencia, funcionaban mucho mejor. ¿Qué me movió a actuar como lo hice? El profundo deseo de que mi hija estuviera bien, mi amor por ella.

Con este ejemplo ilustramos lo que somos capaces de hacer para lograr que nuestros hijos estén bien. Lo mismo sucede con la relación. No te estamos invitando a tirar este libro a la basura, sino más bien, a recapacitar y tomar todo aquello que consideres interesante y valioso para tus circunstancias y para tu felicidad en pareja, y a dejar a tu intuición los ajustes necesarios a cada situación propia de su relación.

Ahora vamos a revisar cada uno de los aspectos que determinan nuestra predisposición interna hacia la construcción de una pareja ***pareja.*** Sin ellos, nada de lo que analizamos antes tendría sentido, ya que el mantenimiento de la relación estaría condicionado por otro tipo de elementos, como la codependencia, la inseguridad, la comodidad y algunos más que, si bien son objeto de estudio apasionado, no sustentan el enfoque central de este libro.

Actitud, ¿cuál es nuestra predisposición?

En el vocabulario común escuchamos con frecuencia comentarios sobre la creencia de que un cambio de actitud modificaría la forma de ser de las personas. En efecto, si pudiéramos cambiar nuestra actitud, encontraríamos caminos nuevos para percibir el mundo desde otra perspectiva y abrirnos a conductas diferentes.

¿Qué procedimiento sigue nuestra mente antes de actuar? Primero, captamos un estímulo, cualquiera que éste sea, lo filtramos a través del marco de referencia que hasta el momento poseemos, lo catalogamos en nuestro pensamiento y entonces respondemos. El estímulo puede provenir del exterior o ser generado desde nuestro interior. La "carga positiva o negativa" que damos a la revisión del estímulo y la cantidad de ideas que atraemos a favor o en contra del mismo, reflejan nuestra actitud y, por ende, nuestra reacción.

Cierta vez, una persona cercana a nosotras comentó con gran sabiduría: "Cambiar tu actitud toma un segundo, todo es cuestión de que quieras hacerlo". Verdaderamente, es una decisión personal estar predispuestos a percibir al mundo en blanco y negro o a hacerlo con colores.

Si en la interacción con nuestra pareja partimos de una predisposición negativa respecto a una mejoría en la relación, de entrada ya estamos bloqueando cualquier alternativa y es muy probable que nuestras conductas ratifiquen justo lo que creíamos que iba a suceder. Henry Ford decía: "Ya sea que pienses que puedes o pienses que no puedes, estás en lo cierto".

También es cierto que podríamos realizar nuestro mejor esfuerzo y obtener resultados positivos o negativos, si sólo dependiera de nosotros. Pero, desafortunadamente, en el caso de una pareja, el logro depende de los dos; por consiguiente, si una de las partes adopta la mejor actitud, pero la otra no se abre a ver opciones o a mirar las situaciones con un enfoque distinto, hasta las mejores intenciones se esfumarán o tal vez se establezcan juegos muy desagradables que refuercen una relación enferma entre ambos.

Lo importante, en todo caso, es dejar de buscar culpables y asumir nuestra corresponsabilidad.

Ejemplos ilustrativos

Estás ante la posibilidad de invitar a tu pareja a compartir una salida al teatro con unos amigos tuyos de tu época escolar.

Pensamientos que fomentan una actitud negativa:

- *¡Ah!, sé perfectamente lo que va a decir. Va a salir con su maldito genio. No va a querer ir. Si ya sé, no vale la pena intentarlo, es inútil.*

Pensamientos que fomentan una actitud positiva:

- *Normalmente responde en contra de este tipo de invitaciones, aunque en esta ocasión podría aceptarla si se lo planteo de forma diferente. Si no quiere ir, me voy yo con los amigos al teatro y le ofrezco que se una al grupo para ir a cenar.*

Alguno de los dos necesita hacer viajes constantes o tiene un horario de más de diez horas en el trabajo.

Pensamientos que fomentan una actitud negativa:

- *Es claro que no le importa nuestra relación; si le importara yo, o su familia, se buscaría otro trabajo o pondría límites con su jefe.*

Pensamientos que fomentan una actitud positiva:

- *Sé lo que le importa su trabajo. Es así desde que le conocí; eso no quiere decir que no me quiera o que no le importe nuestra relación. Quizá podamos encontrar juntos otras alternativas, para evitar el riesgo que la ausencia pudiera significar para nuestro proyecto de vida.*

En ambos ejemplos, los pensamientos propician una actitud, una predisposición a actuar de una u otra manera según las emociones que surjan y que convierten en previsibles los posibles resultados. No queremos decir que, invariablemente, las actitudes positivas nos lleven a lograr lo que deseamos (ya comentamos que depende de ambos); lo que sí nos garantizan es la tranquilidad de intentarlo desde caminos alternos y de aportar, desde lo que nos corresponde, lo mejor de cada uno.

A continuación revisaremos algunos ingredientes que influyen en nuestra actitud hacia nuestra pareja y hacia la relación.

Flexibilidad

Necesitamos tener presente nuestra actitud y reconocer lo que con ella incitamos a responder a nuestra pareja. Estar abiertos a evitar predisposiciones, o al menos generarlas planteando varios escenarios posibles, permite un comportamiento diferente y quizás un impacto distinto en nuestra pareja y, por tanto, en la relación.

Una actitud abierta requiere observar las situaciones desde diferentes ángulos, preguntarnos constantemente en qué somos copartícipes, imaginar varias alternativas y entender que, aun en la línea que surge entre las polaridades blanco-negro, hay una inmensa gama de tonalidades.

Es legítimo pensar que las experiencias vividas con nuestra pareja durante la relación influirán en nuestra actitud, pero es ahí donde debemos detenernos y pensar si realmente queremos intentar una opción diferente o si creemos que ya no vale la pena. En ocasiones no queremos romper con una manera de interactuar dado que, en el fondo, tenemos otro tipo de satisfactores (como sentirnos víctimas), por lo que la sinceridad con nosotros mismos es vital.

Ser flexibles requiere, en conclusión, captar la realidad con nuevos ojos, entenderla y manejarla; visualizar un abanico de posibilidades en lugar de una sola, y comprender que hay varios futuros posibles y que podemos buscar opciones de actuación ante cada uno de ellos, simplemente preguntándonos ¿qué pasaría si…? o ¿cómo podría suceder…?

Confianza

Cuando la relación no está sustentada en la fuerza, se recarga en un corazón común que late a mayor o menor velocidad y se llama confianza. Toma tiempo construirla y puede resquebrajarse en minutos.

Cada acto congruente que se presenta en la relación garantiza poco a poco la fuerza de la confianza. Cuando ambos cumplen lo que dicen, se va ganando un ladrillo más.

Voluntad

Tiene que ver con querer que las propuestas se logren. En ocasiones va más allá de los razonamientos, simplemente es una fuerza interior que nos impulsa a continuar, a hacer lo que corresponde.

Es la acción de movernos de una zona que, arbitrariamente, llamaremos de *confort*, a otra de *expansión*, con un manejo objetivo de cualquier temor que pudiera surgir en la interrelación. Hay ocasiones en que es preferible rendirse a la única manera que hemos ensayado para lograr algo y que no nos ha funcionado, para intentar nuevas alternativas de acción.

Actualización constante

Hemos insistido en la vorágine de cambios culturales que influyen de una u otra manera en la relación de pareja, independientemente de los movimientos propios de nuestra evolución biológica y de los momentos que cada pareja va teniendo según sus circunstancias y anhelos. Por consiguiente, suponer que sabemos y podemos con todo, es absurdo. La posibilidad de superarnos es indispensable tanto en lo intelectual como en lo emocional y lo espiritual, pues sólo desde ahí encontraremos interpretaciones nuevas del mundo e intereses novedosos que fomenten conversaciones más interesantes y enriquecedoras.

Afortunadamente, hoy las parejas están más abiertas a buscar ayuda, a asistir a cursos o talleres que les aporten orientaciones nuevas para traducir y/o modificar su realidad, a buscar literatura que dé soporte y soluciones opcionales a problemas comunes. Asimismo, muchos crecemos y nos desarrollamos suponiendo que la actualización sólo debe enfocarse a aprendizajes formales de tipo técnico/profesional o a desarrollar otras actividades complementarias. Es como si todo lo demás debiera darse de manera espontánea, en especial cuando asumimos roles de vida tales como ser padres de familia o ser pareja.

Aprender de las experiencias de otros es una opción que requiere humildad y admiración. Cuando nos damos la oportunidad de expandir nuestra conciencia y, sobre todo, cuando lo hacemos como un proyecto común, la vida se convierte en un reto y en la posibilidad de un disfrute compartido.

En cierto momento, estudiar algo desligado de lo formal puede llevar a la pareja a conocer y a conocerse más entre sí, incluso a descubrir aspectos nuevos del ser de cada uno.

El hábito de promover el aprendizaje permanente enriquece la interacción y da un sentido cada vez más renovado a la relación.

Tolerancia

Manifestar tolerancia no significa aguantar hasta que nuestro organismo o nuestro sistema emocional lo permita; tampoco es estancarse en un estado emocional de resignación, ni mucho menos lanzar al costal piedras de resentimiento cada vez que algo no nos parezca. Lo primero enferma y deprime, lo segundo asesina nuestros sueños y lo tercero cancela nuestra libertad.

Tolerar es abrirse al intento de mirar a la pareja buscando cerrar ciclos dolorosos y volver a probar, cuantas veces sea necesario. También es aceptar aquellos aspectos de nuestra pareja que le determinan en su esencia. La tolerancia y la aceptación van de la mano; se trata, sencillamente, de la decisión madura y consciente de entender que *cada uno es como es y eso está bien.*

La tolerancia tiene límites, fáciles de identificar y difíciles de respetar, sobre todo porque tendemos a irnos a los extremos: en un polo encontramos a aquellas personas que suponen que los demás están para atender y responder a todas y cada una de sus expectativas y que cualquier desviación es un pretexto para abandonar una relación. Daniel Goleman, en su libro *Inteligencia emocional,* describe que "la gente menos capaz de manejar constructivamente sus emociones, es aquella que desde pequeña no aceptaba posponer ninguna necesidad y, por ende, no tolera ningún nivel de frustración".

En el polo opuesto están aquellas personas que, por el contrario, permiten que su pareja traspase las barreras del respeto, aun las mínimas exigidas, sustentándose en creencias de compromisos de por vida, aprendizajes propios, niveles sumamente bajos de autoestima, e incluso, ganancias secundarias (motivos ocultos que aportan algo a cambio de tanta permisividad).

¿Cuáles son, entonces, los límites que marcan la diferencia entre ser tolerante y "aguantar"?: dignidad personal (que no es lo mismo que falso orgullo) e integridad (física, emocional, económica y espiritual). Cuando la sensación que queda después de cada interacción con nuestra pareja es de malestar, insatisfacción y dolor, la aceptación deja de ser incondicional y es fundamental exigir reciprocidad.

Experiencia vivencial

Cuando era muy joven y llevaba muy poco tiempo de casada, me percaté de que mi matrimonio estaba muy deteriorado. El que era mi esposo había permitido demasiadas influencias "culturales" de la empresa donde laboraba que irrumpían fuertemente en los principios en los que yo creía y suponía que él también. Después de varias charlas improductivas, insistí en que se cambiara de empresa a una donde los valores familiares fueran la prioridad, pero, aunque lo intentó tiempo después, desafortunadamente ya era tarde. Las cosas habían llegado a un punto crítico para ambos. Antes de esto, buscamos varias opciones, incluyendo un proceso terapéutico personal, pues yo alegaba que no entendía nada de lo que nos estaba sucediendo y me sentía cada vez más impotente. Decidimos acudir a un encuentro matrimonial; había escuchado de esta alternativa, que era un retiro de tres días donde otras parejas compartían experiencias reales e invitaban al diálogo con su compañero(a), desde un enfoque estrictamente sincero y abierto a las emociones y asumiendo la corresponsabilidad, sin señalar culpables. Yo estaba feliz y me abrí con él, y sentí que él también lo hizo conmigo. A nuestro regreso a casa, el sistema empresarial fue más fuerte y él siguió en ese proceso, pero ambos nos quedamos con el premio más grande que podíamos haber deseado como producto de un intento más para salvar a nuestra relación: quedé embarazada y ahora tenemos a la hija más hermosa que Dios nos pudo prestar.

Lo anterior nos permite apreciar que cualquier acción proactiva que se lleve a cabo para salvar la relación, vale la pena, mientras haya amor. Invariablemente nos quedaremos con la sensación de haber hecho todo lo que en ese momento estuvo en nuestras manos; para él también fue una experiencia muy dolorosa, pero gracias a eso hoy es un hombre convencido de sus principios, con una posición profesional sólida y una familia que formó después con armonía. Lo admiro por eso.

Reflexión

Toma unos minutos para ti y en una libreta anota aquellas acciones que has promovido con franqueza, de manera activa, con fe y desde el amor, para mejorar tu relación de pareja. No te cuestiones si lo que has hecho ha sido correcto o incorrecto, tampoco si ha dado los resultados deseados; únicamente regálate la oportunidad de comprender que todos tus esfuerzos han surgido de lo que hasta hoy has aprendido y has sabido y podido hacer.

Si tu pareja está interesada, solicítale que haga lo mismo. Compartan sin cuestionamientos ni críticas si esas opciones fueron aceptadas y cómo han ayudado o no a la relación.

Exprese cada uno su punto de vista.

Analicen los ingredientes que caracterizaron tanto a las situaciones que afectaron negativamente o no tuvieron impacto alguno, como a las que lo hicieron en forma positiva.

Ahora, al haber llegado a esta parte del libro, estás en condiciones de identificar opciones nuevas que antes no se te habían ocurrido y que puedes sugerir a tu pareja.

Es importante validar si todas las opciones que se han identificado como nuevas incluyen cada uno de los elementos mencionados en este apartado: tolerancia, voluntad, actitud positiva, flexibilidad, apertura a la actualización constante, y confianza en ti y en tu pareja. Si no es así, reflexiona sobre el posible giro que pudieras dar a tus alternativas.

Responde las siguientes preguntas:

1. ¿Vale la pena intentarlo?
2. ¿Qué es lo mejor y qué es lo peor que podría pasar?
3. ¿Prefiero continuar así o dar el paso y quedarme con la satisfacción de por lo menos haberlo propuesto y haber establecido límites?

Soler y Conangla, en su libro *Juntos pero no atados*, refuerzan esta reflexión con la siguiente frase: "Hombres y mujeres que pueden decidir libremente separar sus caminos cuando los caminos divergen, entran en conflictos irreconciliables o son un atentado para la propia integridad".

La fortaleza del compromiso

El compromiso es un conjunto de actitudes confiables, previsibles y dedicadas que diferencian al éxito del fracaso. Es más que una obligación; se convierte en un esfuerzo consciente y coherente, así que para la pareja es un logro que pone en juego valores, pensamientos, palabras y acciones derivados de dichas actitudes.

Cuando nos comprometemos, sabemos con claridad lo que queremos y actuamos en consecuencia para lograrlo, a partir de dónde estamos parados y a través de reconocer nuestros recursos para concretar resultados congruentes con los propósitos. El compromiso implica hacer lo necesario para transformar nuestros planes en hechos, mantener el rumbo de manera constante y con pasión.

La tradición nos invita a expresar nuestro compromiso en ceremonias sencillas o pomposas, en privado o en público (aunque actualmente muchas parejas deciden comprometerse sin ceremonia alguna), pero, ¿quién y cómo se valida? Poco se hace para replantearlo una y otra vez, después de cada experiencia, después de cada ciclo de vida, después de cada dificultad, y mucho menos para cuidar que nuestra conducta valide lo expresado. Necesitamos recordar que el compromiso en sí mismo es atemporal, es decir, no tiene fin, pero los proyectos que conlleva sí lo tienen; por ello será necesario replantearnos constantemente el nivel genuino que tenemos para mantenerlo y manifestarlo con congruencia a cada momento.

Ejemplo ilustrativo

Cynthia, de 48 años, se había divorciado hacía varios años, y Rubén, de 58 años, había enviudado recientemente. Fueron presentados por unas amistades en común y después de un año de noviazgo decidieron casarse.

Existían variables importantes que Cynthia percibía tanto en forma intuitiva como racional y que le impedían tomar la decisión, pero la aparición de una seria enfermedad en él influyó para que ella accediera al matrimonio. Los móviles de ella fueron la ternura y la compasión, ya que él, además de haber quedado viudo, ahora estaba enfermo y enfrentaba un problema económico que amenazaba con dejarlo en la ruina.

Cuando ella intentaba hablar sobre cualquier tema, él prometía que haría todo lo necesario por la relación; durante el noviazgo, siempre reaccionaba positivamente. Sin embargo, a ella le llamaban la atención, y le preocupaban, varios temas faltos de coherencia en la historia que él platicaba de su vida, además de la persistente sensación de no estar "haciendo contacto con él". El tema del dinero era tabú, ya que él solicitaba que ese punto no se tocara hasta que se resolviera su asunto económico y ella, ingenuamente, le creyó y pasó por alto todas las señales. Unas semanas antes de la boda, la situación financiera de él se resolvió, lo que permitió que ambos fueran de viaje de bodas al lugar que él decidió y que no era la mejor opción para ella. Ahí se destapó la realidad: ¡Una incompatibilidad total! Nada de cenitas románticas, nada de compras, sólo caminar e ir a un museo tras otro.

A su regreso, Cynthia insistió en tener una casa de ambos, ya que hasta ese momento él vivía con ella. Rubén argumentaba que no era necesario, que podían irse a la casa en donde había vivido con su esposa anterior.

Finalmente él accedió y solicitó que la nueva casa quedara a nombre de ambos. Sin embargo, requería cuentas claras y que se especificara cada cosa que se compraba para aportar estrictamente la mitad. Por las noches se iba a otra habitación argumentando que lo hacía para que ella descansara bien; la intimidad desde cualquier punto de vista era inexistente. Cada vez que salían a un lugar él insistía en planear qué decir, cómo comportarse y a qué hora retirarse, lo que le había sido altamente productivo en su matrimonio anterior.

Al sentir invadida su libertad, Cynthia buscó hablar con él de sus sentimientos y necesidades. Intentó fórmulas económicas que les hicieran sentirse bien a los dos y opciones para mejorar su intimidad. Él prometía conductas que no cumplía. Iniciaron una terapia de pareja donde se formulaban acuerdos que no sólo no cumplía, sino que negaba delante del terapeuta que éstos se hubieran establecido; cuando el terapeuta lo confrontó, no quiso ir más a la terapia. Además, insistía en que los patrones de conducta que había vivido en su relación anterior habían sido los más adecuados, y que si Cynthia los adoptaba, iba a ser inmensamente feliz.

Cynthia estaba cada vez peor, se accidentó varias veces y se provocó una fibromialgia (estrés que su cuerpo ya no resistió) con dolores indescriptibles; dejó de atender su trabajo como acostumbraba y pasaba de la depresión a la ira. Se sentía sumamente culpable y enojada consigo misma. Sabía que la solución era la separación, pero no se atrevía a tomar una decisión que le sugería que se había equivocado por segunda vez. Se desconocía a sí misma por lo agresiva que podía ser.

Finalmente sopesó lo que era más importante para su vida y se dio cuenta de que estaba permitiendo que su dignidad y su integridad fueran lasti-

madas, lo que ya repercutía en su desempeño profesional pero, sobre todo, en su salud física y emocional. Solicitó el divorcio. Él aceptó de inmediato, sin resistencia alguna, pero dejando muy claros los puntos que tenían que ver con los objetos de valor que había aportado de su casa anterior, la caja de seguridad, etcétera. Para él, todo giró en torno a la recuperación de sus pertenencias. Por supuesto, Cynthia aceptó todas sus peticiones y el trámite fue muy rápido.

Hoy, ella sigue en recuperación con apoyo terapéutico y médico (requirió de una intervención quirúrgica bastante seria), su negocio empieza a florecer nuevamente y vendió la casa "soñada para la relación" para adquirir algo que la regresara a su centro; su autoestima crece cada vez más y ya empieza a hacer bromas y a retomar la alegría que siempre le caracterizó.

Expresa que aprendió mucho de sí misma y, sin culpar a Rubén, asume su responsabilidad al haber permitido situaciones que en su interior sabía no eran buenas para ella. Ha aprendido lecciones de vida muy duras. Ya se perdonó y perdonó a Rubén desde su corazón, pues no le interesa guardar resentimientos. Rubén continúa con su rutina de vida de siempre.

Cynthia, por lo pronto, ha elegido el amor, el amor a sí misma, aunque tenga que pegar cada uno de los pedacitos que ella rompió de su propio ser.

El verdadero compromiso es aquel que nace de lo más profundo de nuestro ser, desde un querer más que desde un deber; es el que parte de y hacia nosotros mismos en primera instancia, y después se hace extensivo con nuestra pareja. A partir de ahí, y de manera recíproca, podremos aplicarlo con aquellos seres que lleguen o ya estén como producto de nuestra elección responsable: los hijos.

Los hijos, ¿causa, consecuencia o pretexto para la relación?

Existe una infinidad de variables que bien podrían ser objeto de uno o de varios tomos adicionales a este libro para poder analizar este tema y la forma en que influye en la pareja y es influenciado por ésta. Aquí solamente plantearemos algunas reflexiones generales que nos ayuden a comprender el impacto favorable o desfavorable que los hijos (naturales o adoptados), así como la ausencia de los mismos (por decisión o por infertilidad), pudieran tener en la relación.

Cuando una pareja que ha mantenido una relación formal durante un tiempo tiene que vivir el hecho de que los hijos se ausenten por diversas razones, se pueden suscitar diferentes reacciones. De dichas reacciones destacamos dos: una es que el tema se vuelva un motivo recurrente de conflicto derivado de dicha ausencia y de acusaciones mutuas; la otra es que elijan permanecer juntos por y para su relación, buscando satisfactores comunes que los nutran.

En su libro *Lograr el amor en la pareja*, el cual aborda el trabajo terapéutico de Bert Hellinger con parejas, Johannes Neuhauser comenta que "el ser padre o madre es una continuación de la relación de pareja", y cuando alguno de los dos no quiere o no puede tener hijos, es conveniente que el otro lo sepa, a fin de que pueda tomar la decisión de continuar o no en la relación. Según Bert Hellinger, lo honesto y amoroso sería dejar libre a la pareja y no obligarla a quedarse. En la actualidad algunas parejas toman la decisión de no tener hijos, pero este punto debe tratarse con mucho cuidado para poder aceptar las pérdidas y ganancias que tal decisión conlleva. Hacerlo con conciencia evitará conflictos en la relación. Además, como hemos comentado, tomar una decisión en un momento dado no implica que no podamos cambiarla.

Los hijos pueden ser la *causa* de la interacción como pareja; es decir, antes de haber elegido siquiera formalizar la relación, un bebé venía en camino y se sintieron forzados o comprometidos a establecer su interacción.

Los hijos también pueden ser la *consecuencia*. Una vez que la pareja se ha establecido y se ha comprometido con proyectos comunes, es natural que la necesidad de ser padres se presente en su vida, ya sea por presiones sociales o familiares, o por decisión propia.

Por otro lado, hay parejas que suponen que la única manera de preservar su relación es con y a través de la existencia de los hijos, por lo que éstos se convierten en el *pretexto* para "mantenerla" o únicamente esperan que éstos crezcan para "concluirla".

Sea cual fuere la situación, el hecho es que nunca es demasiado tarde para retomar una postura congruente con nosotros mismos primero y después con nuestra pareja, para que la decisión de tener hijos o de experimentar nuestra vivencia con ellos no sea el motivo por el cual forcemos una relación. Por el contrario, es fundamental que revisemos con mayor detalle lo que sucede y el nivel de satisfacción de ambos, para promover acciones que favorezcan nuestra posibilidad de ser pareja ***pareja***. De ello se derivarán mensajes congruentes y aprendizajes de vida y de ejemplo, y no únicamente de palabra, hacia los hijos, lo que a su vez constituirá una excelente oportunidad de trascender conjuntamente.

Cada pareja debe sentirse libre para elegir y para asumir que, sea cual sea su decisión, el mejor momento será cuando los dos se miren entre sí y se respondan sinceramente qué pueden hacer por ellos mismos, lo cual es su responsabilidad total; desde ahí podrán acordar si quieren o no tener hijos y, si la respuesta es afirmativa, cuáles son los cambios que necesitan llevar a cabo, cómo quieren interactuar con ellos, cuál será el tipo de influencia recíproca que esperan y el impacto que cualquiera de ellas tendrá en su vida diaria. De otra manera, los hijos podrían convertirse en seres manipulados egoístamente por necesidades individuales de sus padres.

Mientras haya amor, hay esperanza

Antes de desarrollar éste, nuestro último tema, que paradójicamente es el que mantiene el sentido de este libro y de cualquier relación de pareja ***pareja***, queremos marcar la diferencia que existe entre dos conceptos: *emoción* y *estado emocional.*

Una emoción, normalmente, responde a un estímulo específico –interior o exterior– y su duración depende del manejo que de éste se haga. En cambio, un estado emocional es una manera de estar en la vida que circunscribe e influye en la interpretación de cualquier evento.

Las emociones pueden ser intensas o leves, van y vienen. En cambio, el estado emocional permanece, es el marco de referencia desde donde interpretamos al mundo, a nuestra pareja y sus conductas y, por supuesto, nuestra relación.

Con base en lo anterior, asumimos que "amor" es una emoción, mientras que "amar" es un estado emocional, a partir del cual tomamos elecciones sobre nuestros pensamientos, actitudes, conductas y consecuencias. El amor sólo se manifestará en la medida en que el amar sea un verbo pleno de acciones y conjugaciones que lo promuevan; de otra manera, fallecerá. Es como la felicidad, podemos sentirnos felices en ciertos momentos o promoverla desde un estado emocional haciendo todo lo necesario para que esa plenitud se manifieste en nuestra vida.

Cuando acuden parejas a terapia con nosotras, lo primero que les preguntamos es: ¿Aún sienten amor? ¿Están dispuestos a hacer lo que sea necesario para que el verbo amar se mantenga? Si la respuesta es sí, hay esperanza; si es de duda o de negativa, los invitamos a ocupar sus sesiones para negociar una separación sana.

Soler y Conangla, en su libro *Juntos pero no atados*, mencionan que "ser pareja no es igual que amar, pues podemos estar en pareja sin amar o amar aunque no seamos pareja". El título de nuestro libro se refiere a ello, a ser pareja ***pareja***, lo que requiere la construcción de puentes de relación constantes, fluidos y con la posibilidad de que ambos puedan llegar al otro extremo sin temor. Por consiguiente, para que exista una pareja ***pareja*** es indispensable un ingrediente más: *la reciprocidad*. Reciprocidad no quiere decir que periódicamente pongamos en una báscula lo que ha aportado cada uno para la relación y exijamos compensación si la balanza no marca el mismo peso; tampoco significa que hagamos transacciones contables con abonos, recibos y pagarés. Lo que se pretende es reiterar, una vez más, que cualquier acción en pro de vivir como pareja requiere que el verbo amar fluya indistintamente en ambos sentidos, que la relación se mantenga gracias al esfuerzo de cada uno para que así suceda, que los dos se sientan satisfechos por los momentos que se regalan uno al otro y por la apertura constante a reparar daños o aceptar nuevas opciones.

Por ende, la reciprocidad es la inversión generosa de cada una de las partes en esfuerzos, recursos y acciones diarias para que la relación evolucione. Cada uno dará de sí lo que es y lo que tiene, ¡no puede ser de otra manera!, por lo que el crecimiento individual es imprescindible. ¿Cómo podemos amar a alguien más si no nos amamos a nosotros mismos y si no somos sensibles ni expresamos empatía por las necesidades del otro?

Por último, a manera de corolario y sin temor a ser percibidas como incongruentes, creemos necesario enfatizar que ningún convenio asegura la permanencia del amor como sentimiento ni del amar como forma de vida. Si en un momento dado uno de los dos integrantes de la pareja o ambos perciben que sus caminos divergen, que ninguno está dispuesto a transigir en sus conflictos o que el hacerlo atenta contra su propia integridad, la elección de terminar un ciclo de vida puede ser lo más sano dado que implica el rescate de uno mismo como meta congruente con la misión de vida propia. Elegir concluir un proyecto para abrirse a otro de renovación personal no es lo mismo que abandonar la relación por cualquier motivo, es sentir que se ha hecho todo lo necesario y que no hay más.

Elegir caminos abiertos de libertad y alegría es nuestra responsabilidad intransferible, y es que para nosotras ser pareja ***pareja*** no es más que un encuentro afortunado de dos almas que se acompañan amorosamente durante una experiencia de vida y que tendrán que aprender a hacerlo con eficacia.

Esta idea fue la que nos guió durante el camino que representó escribir este libro y que es coincidente con el poeta Gibrán Jalil Gibrán, cuando en su libro *Cartas de amor del profeta* (adaptado por Paulo Coelho), refiriéndose al matrimonio, expresa:

> *El matrimonio no faculta a nadie para esclavizar al otro, excepto en aquellas parcelas donde uno permite ser dominado. Tampoco da otra libertad más allá de la que uno decide admitir, porque sólo podemos recibir aquello que damos.*
>
> *Para las personas inteligentes, la base del matrimonio es una genuina amistad en la que cada uno lucha por sus propios sueños y por los de la persona a quien ama. Sin esos sueños, la relación matrimonial se transforma en encuentros casuales en la cocina.*
>
> *No existen dos almas idénticas. En la amistad y en el amor los dos implicados levantan la mano juntos, para asir una cosa que no podrían alcanzar si estuviesen separados.*

Bibliografía

Aguilar Kubli, Eduardo. *Elige bien a tu pareja.* Editorial Pax México, México, D. F., 1987.

Coelho, Paulo. *Cartas de amor del profeta Khalil Gibran.* Ediciones B, Barcelona, 1998.

Covey, Stephen R. *Los siete hábitos de las personas altamente efectivas.* Editorial Paidós, México, D. F., 1995.

Dyer, Wayne W. *El poder de la intención.* Editorial Grijalbo, México, D. F., 2006.

Dyer, Wayne W. *Tus zonas erróneas.* Editorial Grijalbo, México, D. F., 1980.

Echeverría, Rafael. *Ontología del lenguaje.* Dolmen Ediciones, Santiago, 1998.

Fernández, Víctor Manuel. *Cuando amar duele.* Editorial Lumen, Buenos Aires, 1995, Librería Parroquial de Clavería, México, D. F.

Fromm, Erich. *El arte de amar.* Editorial Logos, Medellín, 1981.

Goleman, David. *Inteligencia emocional.* Kairós, Barcelona, 1996.

González, Héctor. *La relación de pareja.* Instituto Municipal de Arte y Cultura de Durango, Durango, México, 2003.

González Vera, Rubén. *La revolución de la pareja.* Editorial Mina – Estrella, México, 2005.

Gibrán, Jalil Gibrán. *Obras selectas.* DR Felisa Z. de Kaim, México, 1991.

Grinder, John y Richard Bandler. *De sapos a príncipes. Programación neolingüística.* Editorial Cuatro vientos, Santiago de Chile, 1998.

Hellinger, Bert. *Órdenes del amor.* Editorial Herder, Barcelona, 2001.

Maroto, María Elena. *Estrés ¿moda o realidad?* Editorial Norma, México, D. F., 2007.

Muñoz de S., María de los Angeles y Armando Suárez H., *Orientación matrimonial.* Suárez-Muñoz Ediciones, Guadalajara, 1975.

Neuhauser, Johannes. *Lograr el amor en la pareja (El trabajo terapéutico de Bert Hellinger con parejas).* Editorial Herder, Barcelona, 2001.

O'Connor, Joseph y John Seymour. *Introducción a la programación neurolingüística.* Editorial Urano, Barcelona, 1992.

OSHO. *Háblanos del amor*. Editorial Norma, Bogotá, 2004.

Ribeiro, Lair. *La comunicación eficaz*. Editorial Urano, Barcelona, 2000.

Riso, Walter. *Los límites del amor*. Editorial Norma, México, 2006.

Rogers, Carl R. *El matrimonio y sus alternativas*. Editorial Kairós, Barcelona, 1986.

Rogers, Carl R. *El proceso de convertirse en persona*. Editorial Paidós, México, 2000.

Ruiz, Miguel. *La maestría del amor*. Ediciones Urano, Barcelona, 2001.

Satir, Virginia. *Relaciones humanas en el núcleo familiar.* Editorial Pax México, México, D. F., 1978.

Smith, Manuel J. *Cuando digo NO, me siento culpable*. Editorial Grijalbo, México, D. F., 1977.

Soler, Jaume y M. Mercé Conangla. *Juntos pero no atados*. Amat Editorial, Barcelona, 2005.

Watts, Alan. *El futuro del éxtasis*. Editorial Kairós, Barcelona, 1991.

Watzlavick, Paul. *El arte de amargarse la vida*. Editorial Herder, Barcelona, 1992.

Zinker, Joseph. *El proceso creativo en la terapia gestáltica*. Editorial Paidós psiquiatría, México, D. F., 1991.

Páginas web

Barrera Méndez, Juan Antonio. *¿Por qué fracasó mi relación?* Consultado en http://www.sappiens.com.

Ciurleo, Diego L. *¿Cuánto dura el enamoramiento?* Consultado en http://www.revistafacultades.com.ar.

Diferencia entre enamoramiento y amar. Consultado en http://www.tubreveespacio.com/rfeb-enamoramiento%20y%20amar.htm.

El enamoramiento. ¿Una situación pasajera o una situación deseable? Consultado en http://www.taris.com.ar/espiritualidad.

La elección de la pareja. Consultado en http://www.portalterraluz.com.

Pareja: enamoramiento, amor y desamor. Consultado en http://www.cipaj.org.

Santa Cruz Bolívar, Ximena. *Construir pareja, un hermoso desafío*. Consultado en http://www.ecovisiones.el/informacion/construirpareja.htm, Santiago.

Acerca de las autoras

María Elena Maroto

Licenciada en psicología clínica, con maestría en Configuraciones Sistémicas Sociales (Constelaciones Familiares), es fundadora del Colegio de Especialidades Psicoterapéuticas (COPSI). Está certificada como terapeuta en las áreas de Core Energetics, Gestalt, Programación Neurolingüística, Constelaciones Familiares, Autohipnosis, Polaridad y Cráneo-Sacral.

Ha estudiado diversas especialidades de salud holística que aplica en su práctica terapéutica profesional, en la que incluye su amplio conocimiento sobre las emociones, conductas y pensamientos, así como la funcionalidad y disfuncionalidad organísmica y relacional.

Como socia de Béjar-Maroto y Cía., imparte capacitación en empresas, donde promueve el desarrollo humano a través de cursos de manejo del estrés, manejo de conflictos, sensibilización, conciencia corporal, meditación y mejora de las relaciones interpersonales. En conferencias, cursos y talleres apoya a los participantes con el proceso de *darse cuenta,* ampliando su conciencia y responsabilizándose de su vida.

Ha colaborado dando clases y talleres en diferentes instituciones de educación superior, como la Facultad de Estudios Superiores Iztacala UNAM, el Instituto Tecnológico y de Estudios Superiores de Monterrey (Campus Estado de México), la Universidad Franco Mexicana, la Universidad del Valle de México y el Colegio de Especialidades Psicoterapéuticas.

Es autora del libro *Estrés: Moda o Realidad*, de Editorial Norma.

La versatilidad de María Elena Maroto como psicoterapeuta, docente y capacitadora, avala que lo expuesto en el presente libro tendrá un impacto trascendente y de crecimiento en la vida de las parejas y en las relaciones inter e intrapersonales de las personas.

marymaroto@live.com.mx, marymaroto2013@gmail.com
www.marymaroto.com.mx

Sandra Haddad Lahud

Licenciada en psicología por la Universidad Nacional Autónoma de México, está certificada como psicoterapeuta Gestalt, coach ontológica y coach de equipos de alta dirección. También está diplomada como terapeuta corporal, en Polaridad, en Desarrollo Organizacional y en Desarrollo Humano.

Es fundadora y directora general, desde hace 36 años, de Crecintegra, S. de R.L. de C.V. Además de dar consultoría a empresas e instituciones nacionales y latinoamericanas de diversos giros en competencias laborales, capacitación significativa, cultura organizacional y coaching, participa en programas de desarrollo humano y ejerce la psicoterapia como un vehículo de crecimiento recíproco.

La interacción con parejas ha sido una constante a lo largo de su vida profesional. Durante varios años asesoró formalmente a directivos de Encuentros Conyugales, grupo que apoya desde hace varias décadas a matrimonios para que redefinan el sentido de su relación a través de una comunicación honesta, basada en la experiencia propia y en emociones genuinas.

Ha ejercido la docencia en diversas instituciones de educación superior, tales como la Universidad Iberoamericana, la Universidad La Salle, el Instituto Tecnológico y de Estudios Superiores de Monterrey (sedes Quito, Ecuador, y Lima, Perú), el Instituto Mexicano de Psicoterapia Gestalt y el Colegio de Especialidades Psicoterapéuticas.

El amor que imprime a su trabajo y la vocación de servicio que le caracterizan, aunados a su constante actualización y al dominio de temas relacionados con asertividad, comunicación sistémica, inteligencia emocional, manejo de conflictos, liderazgo y coaching, entre otros, la acreditan para compartir y sugerir opciones de interacción sana en las relaciones de pareja.

sandra.creci@crecintegra.com
www.crecintegra.com